Ich trainiere Sportschießen

Name:

Geburtstag:

Adresse:

Schule/Klasse:

Foto

Verein:

Disziplin:

Motto:

Ich trainiere Sportschießen

Katrin Barth, Beate Dreilich & Steffen Däbel
Sportwissenschaftliche Beratung:
Prof. Dr. paed. habil. Berndt Barth

Meyer & Meyer Verlag

Reihe „Ich lerne … / Ich trainiere …"
Herausgeberin: Katrin Barth

Ich trainiere Sportschießen

Bibliografische Information der Deutschen Nationalbibliothek
Die Deutsche Nationalbibliothek verzeichnet diese Publikation in der Deutschen Nationalbibliografie; detaillierte bibliografische Daten sind im Internet über http://dnb.d-nb.de abrufbar.

2. , überarbeitete Auflage 2015
Auckland, Beirut, Dubai, Hägendorf, Hongkong, Indianapolis, Kairo, Kapstadt, Manila, Maidenhead, Neu-Delhi, Singapur, Sydney, Teheran, Wien

Member of the World
Sport Publishers' Association (WSPA)

Gesamtherstellung: Print Consult GmbH, München
ISBN 978-3-89899-983-0
E-Mail: verlag@m-m-sports.com
www.dersportverlag.de

Inhalt

Anmerkung:

Die Übungen und praktischen Hinweise in diesem Buch sind von den Autorinnen sorgfältig ausgesucht und überprüft worden. Für Unfälle oder Schäden jeglicher Art, die im Zusammenhang mit dem Inhalt des Werks stehen, können die Autorinnen jedoch keinerlei Haftung übernehmen.

Aus Gründen der besseren Lesbarkeit haben wir uns entschlossen, durchgängig die männliche (neutrale) Anredeform zu nutzen, die selbstverständlich die weibliche mit einschließt.

Hallo, ich bin es, Sammy, der kleine Storch mit dem langen, zielsicheren Schnabel! Vielleicht kennst du mich schon aus dem Buch „Ich lerne Sportschießen".
Jetzt willst du richtig mit Gewehr oder Pistole trainieren? Okay, ich stehe dir wieder zur Seite!
Ich bin natürlich auch mit dabei!

Hilfreiche Symbole im Buch

Beim Daumen haben wir einen guten Tipp für dich. Du erhältst Ratschläge oder wirst auf Fehler aufmerksam gemacht.

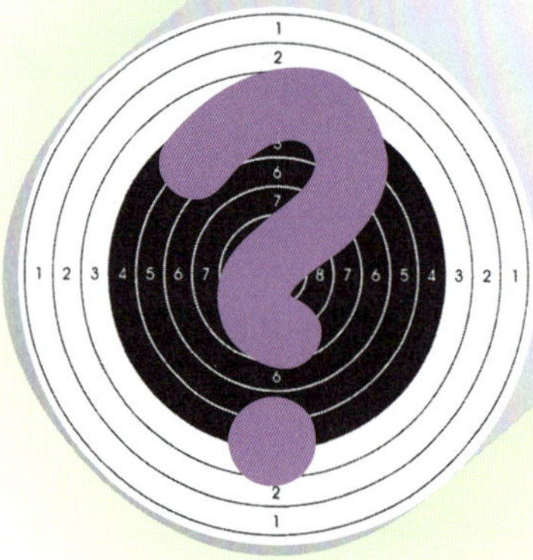

An dieser Stelle stehen Rätsel, Problemstellungen oder Fragen. Die Antworten und Lösungen findest du am Ende des Buches.

Hier gibt es etwas zum Eintragen, Ausfüllen oder Ankreuzen.

. . . 1 Liebe Sportschützin, lieber Sportschütze

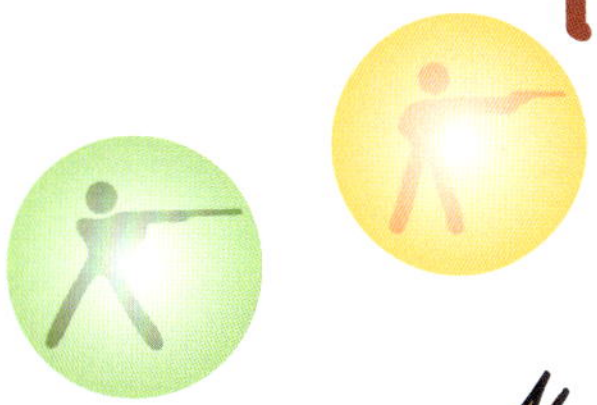

Du hast mit dem Sportschießen begonnen und nun schon die ersten Grundlagen erlernt. Vielleicht hast du auch schon mit unserem Anfängerbuch *Ich lerne Sportschießen* geübt. Inzwischen trainierst du regelmäßig im Verein, hast eine Menge gelernt und erste Wettkämpfe bestritten. Wenn du dich jetzt für dieses Trainingsbuch interessierst und darin liest, können wir wohl davon ausgehen, dass du noch immer von dieser tollen Sportart begeistert bist. Du möchtest weitermachen und richtig und zielgerichtet trainieren.

Du willst konzentrierter, ausdauernder und genauer werden. Auf bekannten Techniken wird aufgebaut und neue kommen hinzu. Du machst deine eigenen Erfahrungen und stimmst die Techniken auf dich persönlich ab.

Obwohl du in deiner Umgebung nicht bei allen immer auf volles Verständnis für deine Sportart gestoßen bist, siehst du für dich die sportliche Herausforderung. Du musst nicht überdurchschnittlich stark, groß, schlank oder schön sein. Deine Leistung ist real messbar und du bist somit nicht von der Sympathie der Kampfrichter abhängig. Es ist eine Sportart für innen und außen, du musst niemandem Schmerzen zufügen und musst auch selbst nicht an deine absoluten körperlichen Grenzen gehen. Wertvolle Eigenschaften, wie Konzentrationsfähigkeit, Zielstrebigkeit, Urteilsfähigkeit und Entschlossenheit, werden ausgebildet. Aufgrund des besonderen Sportgeräts bist du sehr verantwortungsvoll und umsichtig.

Vorab eine kleine Geschichte:

Ein kräftiger Junge machte eine Tour in den Bergen und wollte einen hohen Gipfel erklimmen. Zuversichtlich packte er sich Essen und Trinken ein und marschierte voll Begeisterung los.

Da er den Weg nicht kannte, kam er nur mühsam voran. Er stapfte nach oben und wenn er merkte, dass er nicht weiterkam, musste er umkehren und von Neuem beginnen. Diese Extrawege kosteten viel Kraft. Wenn er Glück hatte, fand er einen Pfad, der ihn ein Stück weiter nach oben brachte. Nach vielen solchen Versuchen kam er endlich am Gipfel an und musste feststellen, dass andere schon oben waren. Sie erzählten ihm, dass es einen guten Wanderweg gibt. Den hätte er benutzen können, ohne erst Umwege gehen zu müssen.

Warum hat er nur keine Wanderkarte benutzt und auch niemanden gefragt, der den Weg schon einmal gegangen war?

So ähnlich, wie in unserer Geschichte vom „Gipfelstürmer", verhält es sich auch mit dem Schießsporttraining. Viele Sportschützen vor dir haben das Sportschießen erlernt, trainiert und wurden oft auch sehr erfolgreich. Du musst also das Sportschießen und das Training nicht neu erfinden, sondern kannst aus den Erfahrungen der Schützen vor dir lernen. Du hast es somit sogar viel einfacher.

Mit dem Trainingsbuch *Ich trainiere Sportschießen* besitzt du sozusagen eine „Wanderkarte" und eine kleine Anleitung, wie du den „Schützengipfel" erklimmen kannst, ohne viele Umwege zu gehen. Und du hast natürlich auch deinen Trainer, der dir den richtigen Weg zeigen will.

Es kommt auch vor, dass die Auffassungen und Bezeichnungen bei erfahrenen Sportschützen, Trainern und Bücherschreibern etwas unterschiedlich sind. Das ist normal. Frage nach, wenn dir etwas unklar ist und lasse dir unterschiedliche Meinungen begründen. Sollten wir uns doch mal geirrt haben oder ist die Entwicklung einfach weitergegangen, dann schreibe deine Anmerkungen direkt in dein Buch.

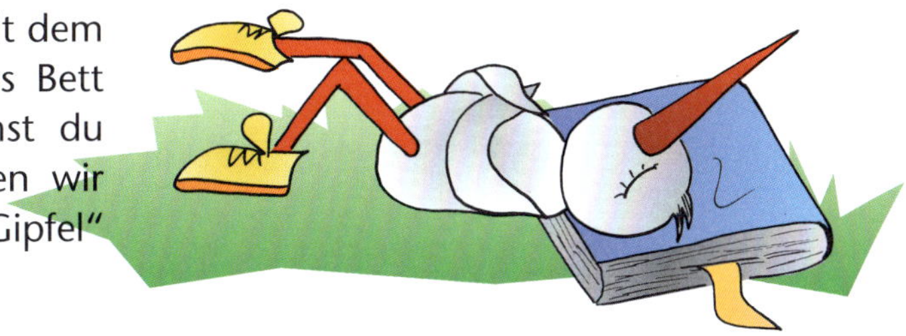

Doch bevor du dich jetzt mit dem Buch unterm Kopfkissen ins Bett legst und denkst, so kannst du morgen gewinnen, möchten wir dir auf dem Weg zum „Gipfel" noch sagen:

Wir wollen dich beraten und dir erklären, wie du richtig trainieren kannst. Trainieren aber musst du allein. Ob du dein Ziel erreichst und auf dem Gipfel ankommst oder nicht, liegt hauptsächlich an dir selbst.

In diesem Buch geben wir vor allem Tipps, Anregungen und Informationen zum Training. Der spezielle Teil zum Gewehr- und Pistolenschießen soll Grundlagen beschreiben – kann aber aus Platzgründen auf keinen Fall vollständig sein. Brauchst du darüber hinaus weitere Informationen, dann lasse dich von Trainern oder anderen Schützen beraten. Wir wünschen dir eine Menge Spaß mit diesem Buch. Hier wirst du bestimmt viel Interessantes finden, das dich hoffentlich recht schnell und sicher auf dem Weg zum „Gipfel" begleitet.

Viel Erfolg wünschen dir die Autoren.

Sport und Kunst

Für viele Künstler sind der Sport und die Sportler beliebte Themen. Angeregt von der Eleganz der Bewegung, der Schönheit der Körper, der Kraft, dem Spaß und den Hightechsportgeräten, entstanden und entstehen zahlreiche Gemälde, Zeichnungen, Karikaturen, Skulpturen und Fotografien. Achte einmal darauf, wenn du in einer Zeitschrift blätterst, in einem öffentlichen Gebäude oder in einem Museum bist.

Logos und Maskottchen

Für Sportverbände, Vereine oder wenn sportliche Großereignisse stattfinden, gestalten Grafiker Logos oder kleine Maskottchen. Diese Bilder findet man dann auf Plakaten, Eintrittskarten, Pokalen, T-Shirts usw. – und natürlich auch als Plüschfiguren!

Die Deutsche Schützenjugend hat das kleine lustige Küken „Shooty".

Versuche dich als Grafiker

Stelle dir vor, dein Verein braucht ein neues Logo, du sollst eine Siegermedaille oder das Logo für die nächste Weltmeisterschaft entwerfen. Wie sehen deine Vorschläge aus?

.... 2 Interessantes rund um den Schießsport

Jugendliche treiben Sport, um etwas für ihre Fitness zu tun, ihre Freizeit sinnvoll zu gestalten, sich mit Freunden zu treffen und etwas Neues und Besonderes zu erlernen. Natürlich willst du auch an deine körperlichen Grenzen gehen, dich ausprobieren und in Wettbewerben erfolgreich sein!

Sportschießen ist dein Hobby, mit dem du viel Zeit verbringst. Neben dem regelmäßigen Training und zusätzlichen Übungen ist es für die meisten Nachwuchsschützen selbstverständlich, alles rund um ihren Lieblingssport zu erfahren.

Dazu gehört das Wissen über die geschichtliche Entwicklung des Schießsports und die Schießsportorganisationen in Deutschland und international. Du willst wissen, welche Disziplinen es gibt, wer die besten und erfolgreichsten Sportler sind und wo der Weltrekord liegt.

Das ist interessant für dich, aber auch für dein Umfeld. Manche werden dich fragen, ob Gewehr- oder Pistolenschießen überhaupt ein Sport ist und was du so toll daran findest. Je besser du über deine Sportart Bescheid weißt, desto umfangreicher und qualifizierter kannst du Auskunft geben!

Auf den nächsten Seiten wollen wir dein Interesse wecken. Viel mehr Informationen erhältst du in spezieller Literatur, bei Fernsehübertragungen oder im Internet.

Weitere Disziplinen im Schießsport

Armbrust

Armbrustschießen erinnert die meisten wahrscheinlich eher an Wilhelm Tell als an eine moderne Sportart. Doch seit dem legendären Apfelschuss hat sich die Armbrust zu einem Hightechsportgerät entwickelt. Zumeist ist der Querbogen auf einem Luftgewehrschaft aufgebaut. Gezielt wird ähnlich wie beim Gewehrschießen durch einen Diopter und ein Ringkorn. Ist der Bogen gespannt, legt man den Pfeil auf eine Schiene. Mit dem Drücken des Abzugs löst sich die Bogenspannung und lässt den Pfeil (auch Bolzen genannt) ins Ziel fliegen. Man unterscheidet das *Sportarmbrust-* und das *Feldarmbrustschießen.*

Flinte

Das Besondere am Flintenschießen (im Gegensatz zu den anderen Schießsportdisziplinen) ist, dass auf ein fliegendes Ziel geschossen wird. Dabei gibt es nur „getroffen" und „nicht getroffen", was für Schützen und Zuschauer direkt sichtbar ist. Geschossen wird hier mit zweiläufigen Flinten, das Geschoss besteht aus einer Schrotladung und das Ziel aus einer Tonscheibe. Wir unterscheiden drei Disziplinen: *Trap, Doppeltrap* und *Skeet.*

Vorderlader 25 m, 50 m und 100 m

Zugelassen sind Originalwaffen, soweit sie den Regeln entsprechen, und deren Nachbauten, die einem zugelassenen Original entsprechen. Als Ladung darf nur fabrikmäßig hergestelltes Schwarzpulver verwendet werden.

Wettbewerbe: Perkussionsgewehr, Steinschlossgewehr, Steinschlossmuskete, Perkussionsrevolver, Perkussionspistole, Steinschlosspistole.

Programm: 15 Schuss in 40 min, vorher unbegrenzte Anzahl von Probeschüssen in 10 min.

Laufende Scheibe 10 m

Laufende Scheibe wird auf 10 m mit einem Luftgewehr stehend geschossen. Bis zu dem Augenblick, in dem die Scheibe in einer Schneise sichtbar wird, hat der Schütze in schussbereiter Stellung zu stehen. Erst beim Erscheinen der Scheibe führt der Schütze das Gewehr in den Anschlag und nimmt mit seiner Visierung die Verfolgung der Scheibe auf.

Programme: Normales Programm: Langsamlauf (5 s) + Schnelllauf (2,5 s) und ein gemischtes Programm (Mixed).

Sommerbiathlon

Sommerbiathlon ist eine Kombination aus Laufen und Schießen, was diesen Sport so interessant und publikumswirksam macht. Im Gegensatz zum bekannteren Winterbiathlon wird das Gewehr von den Sommerbiathleten beim Laufen nicht mitgeführt. Bei den einzelnen Schießeinheiten müssen je fünf Ziele mit je einem Schuss getroffen werden. Sobald das Ziel getroffen wurde, fällt eine Klappe um, sodass jeder erkennen kann, ob der Schuss ein Treffer war oder nicht. Wird eine Klappe nicht getroffen, so muss der Schütze eine Strafrunde laufen oder es wird eine Strafzeit zur Gesamtzeit addiert. Geschossen wird im Stehendanschlag auf Ziele von 35 mm und im Liegendanschlag auf Ziele von 15 mm. Die Ausrüstung besteht aus guten Laufschuhen, bequemer Sportbekleidung sowie einem speziellen Biathlon-Luftgewehr oder KK-Gewehr mit Fünf-Schuss-Magazinen oder normalen Einzelladergewehren.

Programme: Im Deutschen Schützenbund werden der Staffellauf, der Einzellauf sowie das Sprint- und Verfolgungsrennen angeboten.

Die aktuelle Weltbestenliste

Es ist interessant, zu verfolgen, welche Schützen die Besten sind. Hier stehen wichtige internationale und nationale Wettbewerbe und du kannst in die freien Felder die aktuellen Besten deiner Lieblingsdisziplin eintragen. Trage die Namen und das Datum mit Bleistift ein, um deine Liste immer auf dem neuesten Stand zu halten.

Wettbewerb	Jahr	Frauen	Männer
Olympiasieger			
Weltmeister			
Europameister			
Deutscher Meister			
Landesmeister			
Siegermannschaft Bundesliga			
Siegermannschaft Regionalliga			
Siegermannschaft Shooty Cup			

So ist das Sportschießen organisiert

Sportschießen in Deutschland

Der Verband für alle Sportschützen in Deutschland heißt:

Deutscher SchützenBund E. V. (DSB)

Dieser wurde erstmals 1861 in Gotha (Thüringen) gegründet. Nach dem Zweiten Weltkrieg fand 1951 die Wiedergründung statt.

DEUTSCHER SCHÜTZENBUND E.V.

Der internationale Verband

International sind die Sportschützen bei der

International Shooting Sport Federation (ISSF)

organisiert.

Der internationale Verband der Sportschützen wurde 1907 als *Union Internationale des Fédérations et Associations Nationales de Tir* gegründet. 1921 war der offizielle Name *Union Internationale de Tir (UIT)* und seit 1998 gilt die englische Bezeichnung *International Shooting Sport Federation (ISSF)*.

ISSF

Der Deutsche Schützenbund ist wie weitere 158 Verbände aus 146 Ländern Mitglied der ISSF. Der Sitz der ISSF ist in München.

Willst du noch mehr wissen, dann schau doch mal ins Internet, z. B. unter www.dsb.de oder www.issf-sports.org.

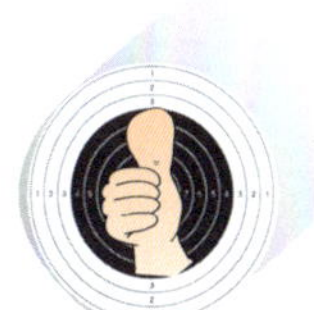

3M
PELTOR

. . . . . . 3 Hallo, Christian!

Name: *Christian Reitz*
Geboren: *am 29. April 1987 in Löbau*
Verein: *PSG Löbau e. V., jetzt SV Kriftel 1935 e. V.*
Waffe: *Pistole*
Beruf: *Polizeioberkommissar*

Erfolge: *Olympische Spiele 2008 1 x Bronze,*
Weltcups 7 x Gold, 6 x Silber, 1 x Bronze,
Weltmeisterschaften 1 x Gold, 2 x Bronze,
Europameisterschaften 5 x Gold, 4 x Silber, 3 x Bronze,
52 x deutscher Meister, 2 x Polizeiweltmeister

Was ist das Besondere an deiner Sportart?

Das hohe Maß an Konzentration und Disziplin hat mich von Anfang an fasziniert. Man versucht, sich mit ständigem Training an das Maximum seiner eigenen Leistungen zu bringen und will sich im Training und in

Wettkämpfen immer selbst übertreffen. Außerdem kann man sich in sportlichen Wettkämpfen mit anderen Schützen messen.

Was muss ein guter Sportschütze können?

Ein guter Sportschütze muss sich selbst unter Kontrolle haben. Das gilt für den Wettkampf, aber auch für die Disziplin im Training. Du solltest immer versuchen, dein Bestes zu geben und gestellte Aufgaben umzusetzen, um so deine Leistungen auf lange Sicht zu verbessern. Im Wettkampf spielt der Kopf eine große Rolle. Du willst das Gelernte umsetzen, zeigen, was du kannst und einen kühlen Kopf bewahren, wenn es drauf ankommt. Läuft mal ein Wettkampf nicht so, wie du es dir vorgestellt hast, dann Kopf hoch und weitertrainieren für die nächste Chance, um zu zeigen, was du kannst. Ein Sportschütze sollte auch auf seinen Trainer hören. Man kann vieles auch allein trainieren und üben, aber ein guter Trainer gibt die Richtung vor und stellt Aufgaben, die dich weiterbringen und dich bei deiner Entwicklung unterstützen.

Was waren deine größten Erfolge?

Die Frage ist nicht leicht zu beantworten. Klar war es super, die Bronzemedaille bei den Olympischen Spielen in Peking 2008 zu holen, aber das ist es nicht allein. Schon das Erlebnis Olympische Spielen 2008 und 2012 waren Highlights für mich. Auch mit anderen Leuten in Kontakt zu treten, ist einfach super. Durch Wettkämpfe, andere Länder und andere Menschen lerne ich immer was Neues dazu, was mir auch keiner mehr nehmen kann. Eine Medaille bei einem großen Event ist das i-Tüpfelchen auf dem gesamten Erlebten.

Du bist sehr erfolgreich. Was sind deine Stärken?

Ich bin sehr ehrgeizig. Ich habe viel in meinen Sport investiert und wurde auch schon mehrmals dafür belohnt. Ich habe schon immer sehr intensiv trainiert und mache es auch heute noch so. Wenn etwas nicht gleich klappt, wird so lange trainiert, bis es besser wird. Weiterhin habe ich mich in Wettkämpfen recht gut unter Kontrolle. Ich bin zwar auch nervös (das gehört einfach dazu), aber ich habe mit der Zeit gelernt, damit umzugehen. Das hat mir auch schon das eine oder andere Mal sehr geholfen.

Was machst du für deine Kondition und Psyche, damit du die anstrengenden Wettkämpfe durchhältst?

Ich gebe zu, dass ich am Anfang nicht so viel für meine Kondition getan habe. Ab und zu bin ich Laufen gegangen – aber halt nicht so gern. Ich musste aber feststellen, dass es einem wirklich hilft, wenn man körperlich fit ist. Der Körper kann die Belastung eines Wettkampfs gut puffern und der Kopf wird nicht so sehr belastet. So habe ich es zumindest für mich immer wieder festgestellt. Training für die Psyche ist sehr schwer zu erklären. Ich mache verschiedene Übungen für die Konzentration und die Reaktion. Aber das beste Training für mich sind Wettkämpfe und wettkampfnahe Trainingseinheiten. In solchen Situationen muss man sich immer wieder auf seine Ziele konzentrieren und fokussieren.

Welchen Tipp hast du für die Nachwuchsschützen?

Habe Spaß und gib niemals auf! Ich kann aus Erfahrung sprechen. Nichts ist von Anfang an leicht. Man muss immer etwas tun, damit man auch etwas zurückbekommt. Wenn man einem Sport nachgeht, gibt es meistens auch Rückschläge. Doch wenn es mal bergab geht – irgendwann geht es wieder bergauf. Der Schlüssel zum Erfolg ist Training. Auch wenn es manchmal hart ist, musst du regelmäßig trainieren. So werden die komplexen Bewegungsabläufe beim Schießen verinnerlicht und perfektioniert. Nur so kannst du auf lange Sicht deine Leistungen verbessern. Redet miteinander und tauscht euch untereinander aus! Wenn ihr die Gelegenheit habt, fragt auch mal einen erfahrenen Schützen.

Wenn du noch mehr über mich wissen willst, dann schau doch mal auf meine Homepage: www.christian-reitz.com

Fanseite

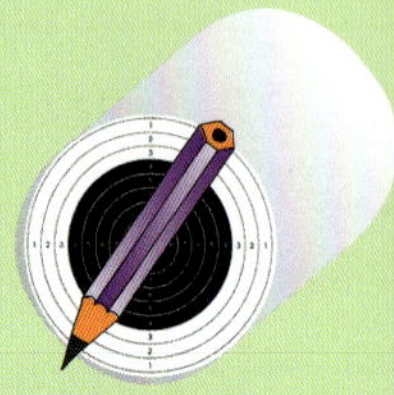

Mit welcher Sportschützin oder welchem Sportschützen würdest du gern mal ein Interview führen?

Was würdest du fragen?

Hier kannst du Autogramme sammeln oder Bilder einkleben.

4 Training – der Weg zum Erfolg

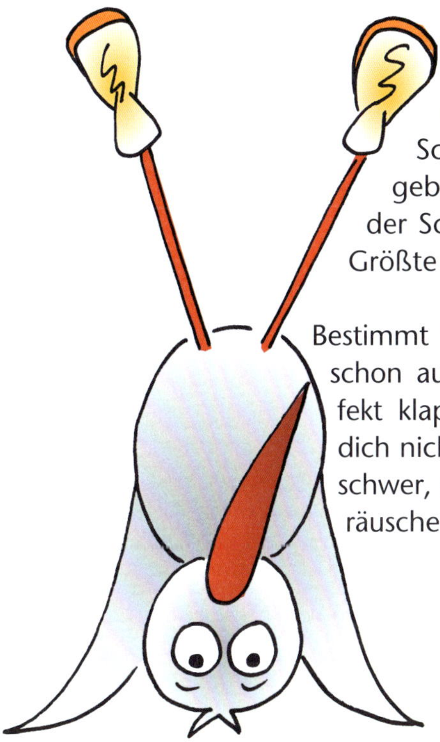

Die Topschützen stehen ruhig am Schießstand, der Anschlag wird sicher aufgebaut und der Schuss geht in die Mitte der Scheibe! So sicher zu treffen, das wäre das Größte für dich!

Bestimmt ist dir im Training und im Wettkampf schon aufgefallen, dass nicht immer alles so perfekt klappt, wie du es dir wünschst. Du kannst dich nicht richtig konzentrieren, die Waffe wird zu schwer, du fängst an zu schwanken und Außengeräusche lenken dich ab … !

Du hast gesehen und erfahren, dass andere auch ganz gut schießen, einige besser als du. Aber wie kannst du es anstellen, ein guter – vielleicht sogar ein Spitzenschütze oder gar ein erfolgreiches Mitglied der Nationalmannschaft zu werden? Fest steht, du musst gut und viel trainieren, wenn du dich beim Schießen verbessern willst. Mit diesem Trainingsbuch wollen wir dir helfen, darauf erfolgreich hinzuarbeiten.

Keine Sorge! Es ist noch kein Meister vom Himmel gefallen! Die anderen haben auch so angefangen und sind erst durch viel Training so weit gekommen.

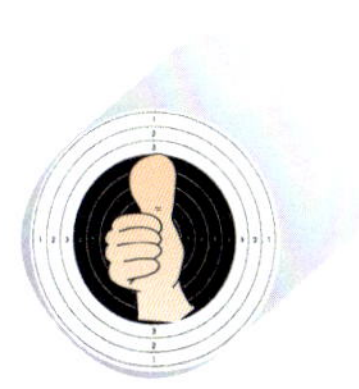

Der Weg zum Schützengipfel

Ein Trainingsbuch wird deinen Trainer nicht ersetzen können, aber es kann dir eine Menge Zusatzinformationen geben. Schießen ist nicht nur Zielen und Abziehen – sondern es gehört auch das Wissen über die Technik, zur Verbesserung der Kondition sowie zu den psychischen Fähigkeiten dazu. Du musst verstehen, warum es wichtig ist, neben dem Schießen am Stand auch noch andere Dinge zu üben, die scheinbar überhaupt nichts mit dem Schießsport zu tun haben.

Du solltest dir Wissen zur optimalen Trainings- und Wettkampfvorbereitung sowie zur gesunden Ernährung, zur mentalen Einstellung und zum selbstständigen Einrichten am Schießstand aneignen.

Du machst dir Gedanken darüber, was du im Training und außerhalb der regelmäßigen Trainingszeiten selbst tun kannst, um deine Leistungen zu verbessern und die Fortschritte selbstständig zu kontrollieren und zu bewerten. Gute Schützen können das! Nach vielen Jahren Training und vielen Wettkämpfen wissen sie genau, ob sie in Form sind, wie sie sich vorbereiten müssen, was ihre Stärken und Schwächen sind und woran sie arbeiten sollten, um noch besser zu werden.

Der Trainer ist für die Sportler ein guter Freund und Berater, der aber auch manchmal streng sein muss, wenn der „innere Schweinehund" sagt: „Das ist aber heute anstrengend. Jetzt höre ich lieber auf!"

Aktiv, bewusst und systematisch trainieren

Als Training im Schießsport wird all das verstanden, was man **aktiv**, **bewusst** und **systematisch** tun muss, um besser treffen zu können. Was bedeutet das aber?

- **Aktiv** heißt, dass du selbst trainieren musst. Du wirst nicht dadurch besser, dass dein Trainer den Anschlagaufbau und die Zielübungen ausführt. Auch nicht, wenn du dir ein Buch zum Konditions- und Techniktraining nachts unter das Kopfkissen legst. Sondern nur, wenn du selbst trainierst, also aktiv bist.

- **Bewusst** heißt, dass du den Sinn und Nutzen der Aufgaben, die dir der Trainer aufgibt, verstehst und sie selbstständig erfüllst. Der Nachwuchsschütze macht nicht nur, was ihm aufgetragen wird, sondern weiß auch, wofür er es tut. Du kannst dir auch schon selbst Trainingsaufgaben ausdenken, sie ausführen und dir eigene Hausaufgaben „verordnen".

- **Systematisch** trainieren heißt, dass du regelmäßig zum Training kommst und lernst, in den einzelnen Trainingseinheiten an konkreten Teilzielen zu arbeiten. Du solltest dir notieren, was du vorhast und wie du deine Ziele erreichen willst. Auch über den Verlauf der Wettkämpfe kannst du dir Aufzeichnungen machen. Das macht nicht nur ein gutes Gefühl, es birgt auch die Chance, vorhandene Defizite in deiner Technik, im Bereich der Kondition oder andere Probleme zu erkennen und gezielt zu beheben.

Wenn du weißt, warum du etwas tust, hast du mehr Freude daran und hältst länger durch.

Da ein Sportschütze viele Jahre trainieren muss, um gute Leistungen zu erzielen, ist es sinnvoll, gleich zu Beginn zu erfahren, was richtiges Training bedeutet und zu lernen, wie man trainiert. Du machst so schneller Fortschritte und außerdem macht das Training dann viel mehr Spaß.

Richtig trainieren – aber wie?

Voraussetzung für das bewusste Trainieren ist, dass du dir einige Fragen beantworten kannst:

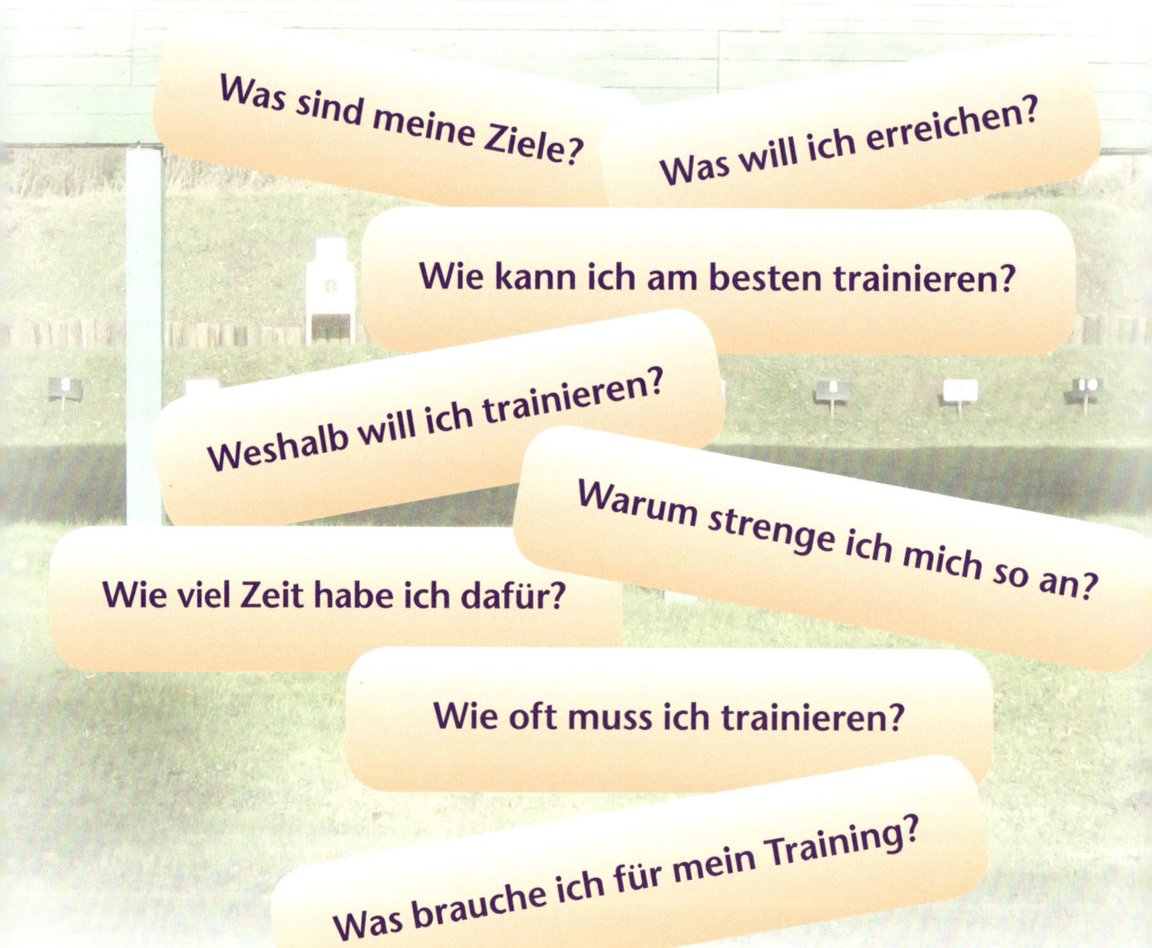

Was sind meine Ziele?

Was will ich erreichen?

Wie kann ich am besten trainieren?

Weshalb will ich trainieren?

Warum strenge ich mich so an?

Wie viel Zeit habe ich dafür?

Wie oft muss ich trainieren?

Was brauche ich für mein Training?

Ziele sind für erfolgreiche Sportler wie Motoren! Es gibt die kurzfristigen Ziele für das nächste Training oder den nächsten Wettkampf und auch die langfristigen Ziele: Ich will einmal Weltmeister oder Olympiasieger werden!

Was will ich erreichen?

Damit du aktiv und bewusst trainieren kannst, brauchst du klare Ziele. Wenn du keine Ziele hast, wird dir das Training bald keinen Spaß mehr machen. Natürlich willst du vor allem Freude am Sportschießen haben. Aber richtigen Spaß macht es dir auf Dauer nur, wenn du ein immer besseres Gefühl für den Anschlag, die Visierung und das Timing bekommst. Mit einer ausgefeilten Technik meisterst du auch die schwierigste Lage, kannst dich auf den Schuss fokussieren, Störungen ausblenden und dich auf neue Situationen einstellen. Oder würde es dir vielleicht gefallen, immer nur der Schwächste zu sein und schlechte Ringzahlen „abzuliefern"?

Vielleicht stellst du dir gleich ein ganz großes Ziel: Da werden im Fernsehen die Wettkämpfe bei Weltmeisterschaften und den Olympischen Spielen übertragen oder du schaust bei großen Wettbewerben zu. Die Schützen sind voll konzentriert und technisch perfekt. Alle jubeln, staunen und sind begeistert. Nun denkst du: „Das möchte ich auch erreichen."

Das ist auch richtig so! Doch nur vom Sieg zu träumen, ist noch nicht die Wirklichkeit. Da muss erst viel Schweiß fließen und du wirst auf diesem Weg neben kleineren Erfolgen auch immer wieder Niederlagen einstecken.

Viele Ziele liegen noch in weiter Ferne, aber manche kannst du in nächster Zeit erreichen. So nimmst du dir vor, deinen Anschlag zu perfektionieren und beim Konditionstraining weniger zu schummeln. Es macht Spaß, gesteckte Ziele zu erreichen und wenn es noch nicht so klappt, ist dies ein Ansporn.

Setze dir keine unmöglichen Ziele, sondern nur solche, die du auch in nächster Zeit erreichen kannst.

Was ich erreichen will/Datum	Zieldatum/ geschafft!
LP: 7er-Schnitt/10 Schuss 70 v. 100	16.01. / 24.05. ✓
LG: 8er-Schnitt/10 Schuss 80 v. 100	... / ...
Jonglieren mit drei Bällen 1 min lang	

Trage in diese Tabelle deine Ziele mit Datum ein. In der zweiten Spalte wird eingetragen, wann du das Ziel erreichen willst. Hast du es dann wirklich erreicht, mache ein Häkchen und schreibe das tatsächliche Datum dazu.

Wenn die Liste voll ist, dann zeichne dir eine neue Übersicht und lege oder klebe sie dir hier ins Buch. Du kannst dir aber auch ein „Zieleheft" anlegen, das du längere Zeit benutzt.

Muss nicht der Trainer die Ziele festlegen?

Eigentlich könnte doch der Trainer die Ziele planen und festlegen! Er kann dir doch sagen, was du erreichen kannst und solltest. Das wird er auch tun. Er steckt sich Ziele für das Training mit seinen Sportlern und stellt Trainingspläne auf, nach denen er mit ihnen trainiert und bespricht dies mit seinen Sportlern.

Doch jeder Sportschütze kennt sich auch selbst sehr gut, seine Stärken und Schwächen. Deshalb weiß er auch, welche Ziele er sich setzen kann. Es ist immer besser, wenn du dir deine Ziele selbst stellst, als sie nur von jemandem vorgegeben zu bekommen. Für eigene Ziele bist du viel eher bereit, alles zu geben, sie auch zu erreichen. Wenn du deinem Trainer genau sagen kannst, was noch nicht so klappt und was du in der nächsten Zeit verstärkt üben willst, dann kann er auch darauf eingehen und dir beim Trainieren helfen.

Natürlich haben Trainer und Sportler manchmal unterschiedliche Auffassungen. Teilweise gibt es Widersprüche zwischen den Zielen, die du dir selbst stellst und denen, die der Trainer für dich vorsieht. Für den Trainer ist es ja nicht einfach. Stellt er nach deiner Meinung zu hohe Ziele, dann traut er dir eine Menge zu, aber überfordert dich damit vielleicht. Wenn du denkst, seine Ziele sind für dich zu niedrig, dann sprich mit ihm und zeige, dass du mehr draufhast.

Das Gesamtziel und die Teilziele

Im letzten Wettkampf waren viele Aktionen von Tom nicht erfolgreich. Sein Anschlag verlor nach und nach an Stabilität, seine Konzentration im Schussablauf ließ nach und die Koordination der Technikelemente Zielen und Abziehen ging immer wieder verloren. Er ist sauer, hat aber auch gemerkt, woran es ihm fehlte: an der Haltekraft in Beinen, Rumpf, Schulter und Armen, an der Fähigkeit, seine Aufmerksamkeit zu lenken, an der Fähigkeit, seine unterschiedlichen Teilaufgaben zu koordinieren.

Für den nächsten Trainingsabschnitt hat er sich vorgenommen, an diesen Leistungsreserven konsequent zu arbeiten. Dies ist sein **Gesamtziel.** Nun kann er in den ersten Trainingseinheiten nicht gleich alles auf einmal angehen und alles zusammen trainieren. Deshalb hat er sich **Teilziele** gesetzt, die er nach und nach in den Mittelpunkt seines Trainings stellt.

- *Erarbeitung und Durchführung eines Trainingsplans zur Verbesserung der Anschlagstabilität (Kräftigung der Bein- und Rumpfmuskulatur);*
- *Erarbeitung und Durchführung eines Trainingsplans zur Verbesserung der Haltekraft (Schulter- und Armmuskulatur);*
- *Erarbeitung und Durchführung eines Trainingsplans zur Verbesserung der Konzentrationsfähigkeit (Methode des Ankerns);*
- *Erarbeitung und Durchführung eines Trainingsplans zur Verbesserung der Koordination im Bereich Zielen/Abziehen (Atemtechnik als wichtiges Steuerungselement).*

Es ist ganz gut für die Motivation, wenn man ab und zu Erfolge hat – auch wenn es erst einmal Teilerfolge sind!

Wichtig bei der Erarbeitung von Teilzielen ist die Erkenntnis, dass sich die einzelnen Fähigkeiten und Könnensstufen auch wieder zurückentwickeln können, wenn man nicht kontinuierlich daran weiterarbeitet. Die einmal erreichten Teilerfolge sind also vergänglich, deshalb ist später eine gute

Abstimmung zwischen den einzelnen Trainingsinhalten wichtig, damit sich die Trainingsinhalte nicht gegenseitig behindern und das Gesamtziel nicht aus dem Ruder läuft.

So sollten z. B. die Trainingseinheiten zur Verbesserung der Kondition nicht direkt vor dem Techniktraining liegen. Nur ein erholter Körper kann fein koordinierte Bewegungen auf einem hohen Konzentrationsniveau über eine ganze Trainingseinheit hindurch meistern. Am besten sprichst du deine Vorstellungen mit deinem Trainer genau durch. Er kann dir dazu gute Tipps geben!

Warum will ich im Schießsport trainieren?

Die Gründe – man spricht auch von *Motiven* – für das Training sind der „psychische Motor", der das Training in Gang setzt. Sie entscheiden darüber, ob du zum Training gehst oder nicht, ob du kämpfst oder dich bei einem Misserfolg hängen lässt. Bei schlechtem Wetter und Langeweile ist es kein Problem, zum Training zu gehen. Du hast Abwechslung, siehst deine Freunde und ein Zielspiel bringt dich so richtig in Schwung. Aber was ist, wenn die Sonne scheint, wenn die Freunde zum Eisessen oder ins Freibad gehen? Vielleicht kommt eine interessante Serie im Fernsehen? Ist dann auch die Trainingstasche so schnell gepackt?

Bist du noch verärgert, weil du beim letzten Schießen zu unkonzentriert warst oder gibt es noch eine „offene Rechnung" mit Tom, der dich mit seiner guten Ringzahl total verunsichert hat? Wenn du unbedingt ein Zwischenziel erreichen willst und du weißt, das nächste Training ist für die Aufstellung oder den bevorstehenden Wettkampf besonders wichtig, dann wird dir die Entscheidung nicht sehr schwerfallen.

Ich gehe zum Training und bemühe mich um beste Leistungen,

	Sehr wichtiger Grund	Wichtiger Grund	Nicht so wichtig
weil ich die Herausforderung liebe.	☐	☐	☐
weil ich etwas für meine Gesundheit tun will.	☐	☐	☐
weil ich zu einem Verein gehören will.	☐	☐	☐
weil meine Eltern es wollen.	☐	☐	☐
weil mein Freund/meine Freundin auch geht.	☐	☐	☐
weil ich meinen Trainer nicht enttäuschen will.	☐	☐	☐
weil ich gern in einer tollen Trainingsgruppe bin.	☐	☐	☐
weil ich sonst nichts anderes zu tun habe.	☐	☐	☐
weil man fürs Sportschießen viel „Köpfchen" braucht.	☐	☐	☐
weil ich mich gut konzentrieren kann.	☐	☐	☐
weil ich mich verbessern will.	☐	☐	☐
weil ich gerne mal in der Zeitung stehen will.	☐	☐	☐
weil ich mal zur Nationalmannschaft gehören will.	☐	☐	☐
weil Sportschießen einfach toll ist.	☐	☐	☐
weil ______________________	☐	☐	☐
weil ______________________	☐	☐	☐

Überprüfe doch einmal selbst, warum du zum Training gehst und dich anstrengst. Entscheide, wie wichtig ein Motiv für dich ist. Zeichne in diese Liste ein Kreuz in die jeweilige Spalte. Wenn du noch andere Gründe hast, dann ergänze sie in den beiden freien Zeilen.

Was kann ich tun, damit ich meine Ziele erreiche?

Um deine Leistungen zu verbessern, solltest du einige Dinge über das Training wissen. So kannst du verstehen, warum und wie du bestimmte Übungen ausführen musst. Viele Sportwissenschaftler und Ärzte haben untersucht und geforscht, welche Trainingsmethoden für Sportschützen die günstigsten sind, um beste sportliche Leistungen zu erzielen und trotz des vielen Trainings den Körper gesund und fit zu erhalten. Denn einfach draufloszutrainieren, bringt meist nicht den gewünschten Erfolg. Es kann dir sogar schaden.

Die Anstrengung im Training, die zur Leistungsverbesserung führen soll, nennt man *Belastung*. Wie jeder einzelne Sportler verschieden ist, so ist auch seine Belastbarkeit und die notwendige Belastung zur Leistungsverbesserung unterschiedlich. Wenn sich ein Sportler beim Training zu wenig anstrengt, dann erreicht er keine Leistungsverbesserung und wenn er sich zu sehr belastet, dann kann dies zu Erschöpfung oder körperlichen Schäden führen. Leider gibt es keine allgemeingültige Tabelle, in welcher der Schütze oder der Trainer nachschauen kann, wie hoch die Belastung sein sollte und darf. Da muss jeder Sportler selbst mithelfen. Im Laufe der Zeit lernt er, in seinen Körper „hineinzuhören" und zu erkennen, wie hoch die Belastung sein muss.

Regelmäßiges Training ist wichtig

Bei richtiger Belastung im Training kommt es zur Leistungssteigerung, weil sich unser Körper anpasst. So wird das Herz leistungsfähiger, die Muskeln werden kräftiger und du bist in der Lage, dich über einen längeren Zeitraum voll zu konzentrieren. Du merkst nach einiger Zeit regelmäßigen Trainings, dass du den Anschlag sicherer aufbauen kannst und die Waffe ruhiger hältst. Wenn du früher nach einem Wettkampftag völlig erschöpft warst, hältst du nun länger durch.

Bestimmt hast du aber auch schon gemerkt, wenn du länger nicht trainiert hast, war dein „Zustand" wieder etwas schlechter. In der ersten Trainingsstunde nach der Pause fielen dir die Bewegungsabläufe und Übungen schwerer und deine Leistungen waren nicht mehr so gut. Du musstest also wieder mit einer geringeren Belastung beginnen, als du die letzte Trainingsstunde beendet hast.

Erinnerst du dich noch an unser Beispiel mit dem Gipfel, den du erreichen willst? Faulheit und Unregelmäßigkeit im Training unterbrechen die Leistungsentwicklung. Du wirst auf dem Weg zum Erfolg wieder ein Stück zurückgeworfen. Das ist so, als ob du den Weg, den du schon zurückgelegt hast, wieder ein Stück zurückrutschst.

Auch im Urlaub hast du viele Möglichkeiten, um in Form zu bleiben: Gehe zum Joggen, mache einige Kräftigungsübungen, Dehnungen im Zimmer oder trainiere deine Beweglichkeit. Nutze den Sommer, um beim Schwimmen, Joggen, Inlineskaten oder Mountainbikefahren deine Kraft und Ausdauer zu trainieren. Im Winter kannst du Ski fahren.

Was macht einen guten Sportschützen aus?

Sicher fallen dir eine Menge gute Antworten auf diese Frage ein. Es gibt vieles, was ein Sportschütze können, haben und wissen muss. Wir versuchen, in dieser Übersicht darzustellen, was sich alles auf die Leistung eines Schützen auswirkt und was trainiert werden muss. Die einzelnen Faktoren hängen immer zusammen. Deshalb überschneiden sich in der Darstellung die Kreise auch. Der Kreis der psychischen Fähigkeiten umschließt alles, da diese auf alles einwirken. Hinzu kommen noch wichtige Einflüsse von außen, was du an den äußeren Pfeilen ablesen kannst.

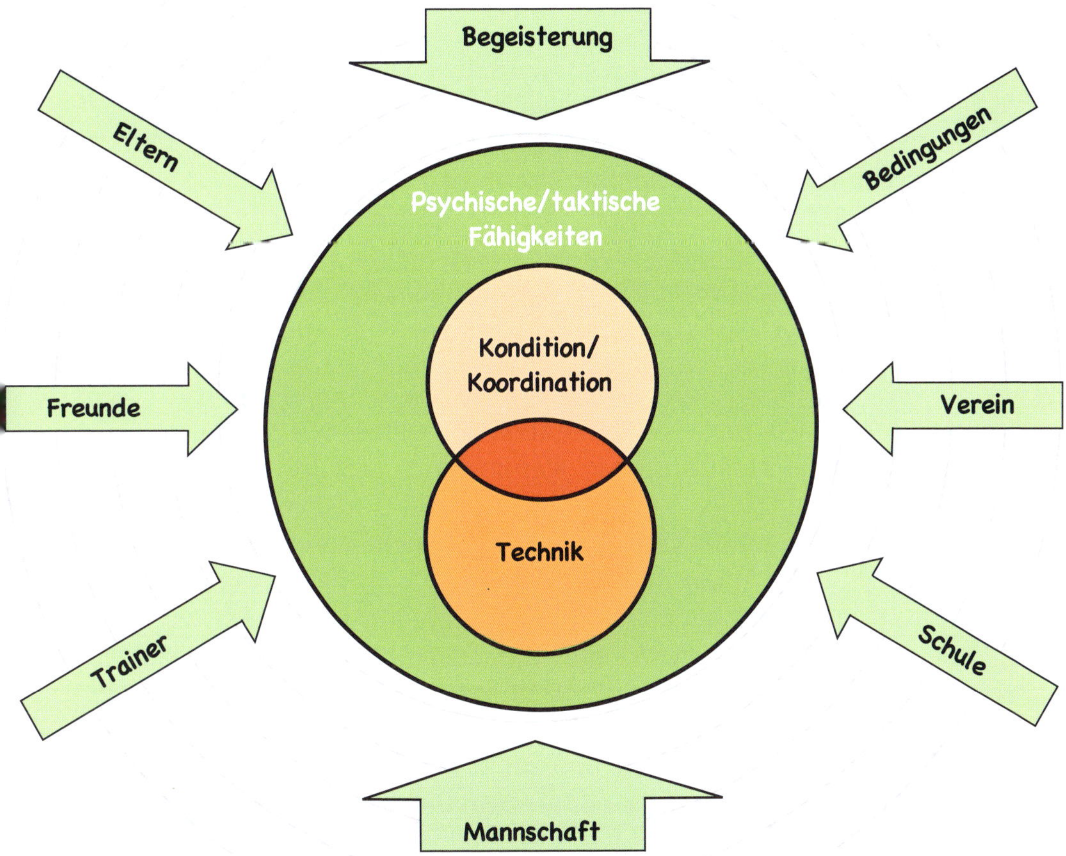

Von einem Sportschützen, der über eine gute Ausdauer und Kraft verfügt, schnell und beweglich ist, sagt man, dass er eine gute Kondition hat. Im Wettkampf willst du einen ruhigen und stabilen Anschlag haben, immer wieder die Waffe heben und halten sowie dich voll konzentrieren. Dazu musst du über die ganze Wettkampfzeit und Saison topfit sein.

Mit Technik sind die speziellen Bewegungsabläufe im Sportschießen gemeint. Dazu gehören das Einrichten, der Anschlagaufbau und die Technikelemente Zielen, Abziehen, Nachhalten und Atmung.

Von der Psyche hängt ab, wie siegessicher, willensstark oder ängstlich du bist, ob dich ein Fehlschuss entmutigt oder anspornt, erst recht zu kämpfen. Ein Schütze muss lernen, sich voll auf das Ziel zu konzentrieren, seine Aufmerksamkeit auf die wichtigen Punkte im Ablauf zu lenken und seine Erregung durch richtiges Atmen zu steuern.

Auf unserer Übersicht siehst du auch noch Pfeile wie Eltern, Freunde, Trainer, Bedingungen, Verein und Schule. (Man könnte noch mehr aufzählen.) Das sind alles Einflüsse, die von außen kommen und sich auf die Leistungen des Schützen auswirken. Es ist sehr wichtig, ob die Eltern dich verstehen und dich beim Trainieren unterstützen oder dagegen sind. Es ist auch von Bedeutung, wie gut du dich mit dem Trainer und den Trainingskameraden verstehst. Mit Problemen in der Schule, Streit mit Freunden oder Stress in der Familie hat man den Kopf nicht frei. Es ist toll, wenn die Trainingsbedingungen optimal sind und du die notwendige Unterstützung bekommst. Doch ohne die notwendige Begeisterung wirst du wohl keine Topleistungen bringen können.

Alle Faktoren zusammen bringen den Erfolg

Das Sportschießen stellt hohe Anforderungen an Ausdauer, Kraft und Beweglichkeit. Deshalb ist eine gute Kondition sehr wichtig. Aber mit Kondition allein wirst du noch kein erfolgreicher Schütze. Du brauchst dazu eine gute Koordination, prima Technik und kluge Taktik. Richtig gut wirst du aber erst dann sein, wenn du dir neben diesen Qualitäten auch noch gute psychische Voraussetzungen erarbeitest.

Was bedeutet das für dein Training?

Das wichtigste Training ist sicherlich am Schießstand! Da kannst du fast alles trainieren, was notwendig ist: Du musst die Waffe stabil halten, Nervenstärke zeigen und ausprobieren, welche Technik am erfolgreichsten ist. Wer viel übt, hat die besten Chancen, Trainingsfortschritte zu erzielen. Doch spürst du auf einem Gebiet besondere Schwächen, dann ist zusätzliches Spezialtraining angesagt. In den nächsten Kapiteln werden wir die einzelnen Faktoren genauer erklären und über Trainingsmethoden sprechen. Wir zeigen dir Möglichkeiten für Übungen daheim, für die Selbstkontrolle und die Bewertung deiner eigenen Leistung. Sprich über alles auch mit deinem Trainer. Er kennt sich damit aus.

Trainingstagebuch

Jeder Sportschütze sollte ein Trainingstagebuch führen. In dieses Buch werden Trainingsinhalte, Trainingsziele, Wettkampftermine, Ergebnisse, Schussbilder, Auswertungen und persönliche Einstellungen von Sportgerät und Ausrüstung eingetragen. Schreibe deine langfristigen und nahen Trainingsziele auf, schätze ein, wie du sie erfüllen konntest und was du als Nächstes vorhast. Wichtig ist der genaue Wettkampfplan, damit du dich gezielt darauf vorbereiten kannst.

Plane auch dein zusätzliches Training, wie Joggen, Radfahren, Krafttraining, Koordinationsübungen o. Ä., ein.
Übrigens: Wer sich selbst die Ziele setzt, darf sich auch selbst eine „Zielprämie" aussetzen oder aber, wenn notwendig, Zusatzaufgaben festlegen!

5 Kondition und Koordination

Mancher Außenstehende könnte denken, dass es beim Sportschießen eigentlich nur auf ein gutes Auge und das richtige Zielen ankommt! Vielleicht hast du auch schon den Einwand gehört, dass Schießen kein richtiger Sport ist, weil man sich kaum bewegt ...! Du weißt natürlich ganz genau, wie topfit ein Sportschütze sein muss, um das Training und die Wettkämpfe gut zu absolvieren.

Deshalb findest du in diesem Kapitel eine Menge rund um das Thema *Kondition*. Wer körperlich in guter Form ist, hält Belastungen besser aus.

Der Anschlagaufbau, der stabile Stand und das ruhige Halten des Sportgeräts erfordern vom Schützen ein hohes Maß an Körperbeherrschung. Nur so gibt es nicht nur eine „Zufalls-10", sondern ganze Serien erfolgreicher Treffer.

In diesem Kapitel haben wir Allgemeines zur Kondition beschrieben und zusammengestellt, was besonders für einen Sportschützen wichtig ist. Dazu kommen viele Übungen und Konditionstipps.

Auch wenn es von außen kaum zu erkennen ist – sehr viele Muskeln sind beim Schießen beteiligt!

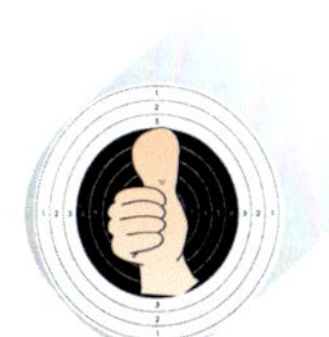

Wie körperlich fit bist du?

Wie schätzt du deine körperliche Fitness selbst ein? Hier haben wir dir einige Anforderungen aufgeschrieben und du kannst zwischen den Smilys wählen und ankreuzen!

Konditionelle Anforderungen			
Ausdauernd joggen, Radfahren, schwimmen oder Ballsportarten spielen …			
Schnell sprinten, springen, werfen …			
Liegestütze, Situps, Klimmzüge …			
Balancieren auf schmalen Balken oder Bänken, auf einem Bein stehen und hüpfen …			
Beweglichkeit, wie Kopfdrehen, Hüftdrehung …			
Schnell auf Lichtzeichen, Geräusche oder Berührung reagieren			
Scharfes Sehen und Erkennen von Dingen in der Nähe und in der Ferne			
Rückschlagsportarten, wie Tischtennis, Tennis, Squash, Federball, Volleyball …			
Zielsportarten, wie Darts, Billard, Bowling, Kegeln …			

Was man unter Kondition versteht

Im Sport bezeichnet man mit dem Begriff *Kondition* vor allem die körperlichen Fähigkeiten. Deine Kondition entscheidet darüber, wie ausdauernd und schnell du bist, wie viel Kraft du hast und wie beweglich du bist. Ob deine Kondition gut ist oder nicht, merkst du zum Beispiel daran, wie schnell du nach einem kurzen Sprint außer Puste bist, wie viel Kraft du hast, wie lange du eine sportliche Belastung durchhältst, ohne dass dir alles wehtut, wie kraftvoll du sprintest und wie hoch du springst.

Deine Kondition verbesserst du durch regelmäßiges Training – aber auch, indem du andere Sportarten betreibst.

Die konditionellen Fähigkeiten

Die wichtigsten *konditionellen Fähigkeiten*, die der Sportschütze benötigt, um rundherum in einer guten Verfassung zu sein, wollen wir jetzt ein wenig genauer erläutern. Dazu gehören:

Ausdauer

Ausdauer ist die Leistungsvoraussetzung, die man benötigt, um lang andauernde Belastungen zu bewältigen. Dazu gehört, dass du bei anstrengendem Training, einem Wettkampftag oder auch z. B. bei Reisen zum Wettkampfort nicht zu schnell ermüdest. Dein Körper sollte in der Lage sein, sich nach größeren Anstrengungen schnell wieder zu erholen. Dies nennt man *regenerieren.*

Wer also eine gute Ausdauer hat, ist körperlich fit, erholt sich nach Training und Wettkampf schneller und kann sich länger konzentrieren.

Dem Sportschützen wird in einem Wettkampf eine Menge abverlangt. Er braucht eine gute Ausdauer, damit er alles mit voller Konzentration und in bester körperlicher Verfassung bestreiten kann, ohne vor Erschöpfung immer schwächer und müder zu werden.

Wie kannst du die Ausdauer trainieren?

Zum Training am Schießstand gehört auch immer eine Trainingszeit für die Ausdauer. Neben der notwendigen Anstrengung kann es auch sehr viel Spaß machen. Gemeinsam in der Gruppe eignen sich besonders die Sportspiele.

Die Grundlagenausdauer wird vor allem durch Dauerläufe ausgebildet. Du solltest mindestens 2-3 x in der Woche 20 min zum Laufen gehen. Auch Schwimmen, Radfahren, schnelles Walken, Inlineskaten oder Skifahren eignen sich gut. Mit Freunden kannst du Fußball, Volleyball, Handball, Streetball oder Beachvolleyball spielen.

Kraft

Kraft wird benötigt, wenn etwas Schweres bewegt werden soll, wie beim Heben, Stoßen, Ziehen oder Schieben von Gewichten. Ohne Kraft kann man Bewegungen, besonders sportliche Bewegungen, nicht ausführen. Kraft brauchst du auch, um deinen Körper oder Körperteile in einer bestimmten Position zu halten, ihn möglichst schnell zu bewegen oder die Bewegung abzubremsen.

Als Sportschütze brauchst du viel Kraft in Händen, Armen und Schultern für das Halten deines Sportgeräts sowie Kraft im Rumpf und Beinen für einen stabilen, gut ausbalancierten Anschlag.

Im Sport gibt es verschiedene Formen, in die sich Kraft einteilen lässt:

Maximalkraft: Die größtmögliche Kraft, die du aufbringen kannst *(Gewichtheben, Training mit Gewichten …)*.

Schnellkraft: Du kannst die Kraft so schnell wie möglich umsetzen *(Ballweitwurf, Kugelstoßen, Hochspringen)*.

Kraftausdauer: Du kannst den Kraftaufwand über einen längeren Zeitraum durchhalten *(Liegestütze, Situps, Mountainbiking, Ski alpin … das Halten von Pistole und Gewehr)*.

Es darf nicht nur ein einzelner Muskel gekräftigt werden, sondern wir müssen auch immer den Antagonisten, den „Gegenspieler", beachten.

Auf der Abbildung siehst du den „Muskelmann" mit gebeugtem Arm. Für die Beugung ist der Beuger, in diesem Beispiel der *Bizeps*, zuständig. Das ist der Muskel, der angespannt wird, wenn du jemandem deine „Muckies" zeigen willst. Für die Streckung des Arms ist der Strecker, in unserem Beispiel also der *Trizeps*, zuständig.

Spüre deine Muskeln! Drückst du mit der Hand auf eine Tischplatte, ist der Trizeps hart, weil er den Arm im Ellbogen strecken will. Der Bizeps ist weich, weil er locker lässt und nachgibt. Drückst du von unten gegen die Tischplatte, ist der Bizeps hart und der Trizeps ist weich.

Übungen für einen kräftigen Rumpf

Für einen stabilen Anschlag sind vor allem kräftige Bauch- und Rückenmuskeln wichtig. Hier haben wir dir verschiedene Übungen zusammengestellt, die du regelmäßig ausführen solltest.

- ***Wärme dich vor den Übungen mit Laufen, Ballspielen und Dehnungen auf!***
- ***Führe die Übungen ruhig und langsam aus!***
- ***Übe in 3-4 Serien mit jeweils 10-20 Wiederholungen!***
- ***Vergiss das Atmen nicht!***

1 *Gerade Rückenmuskulatur*

Lege dich auf den Rücken. Nun hebst du den Kopf und die Beine und ziehst die Knie vorsichtig an die Stirn.

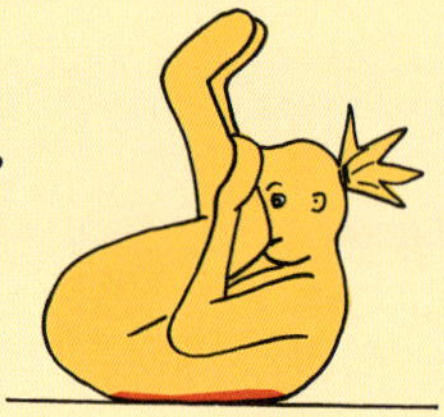

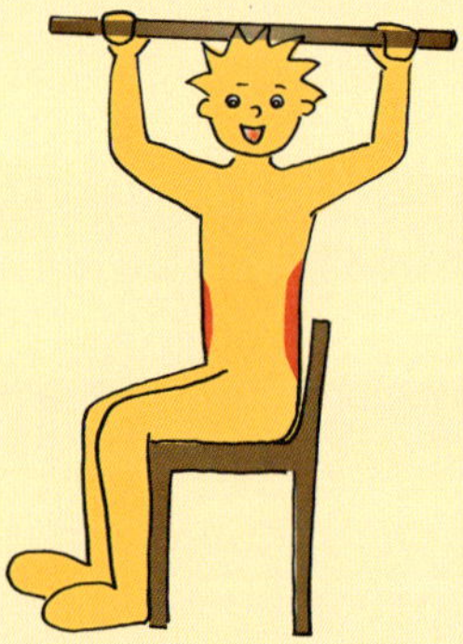

2 *Seitliche Rückenmuskulatur*

Setze dich gerade auf einen Stuhl und halte einen Stab oder eine Schnur mit gebeugten Armen über den Kopf. Nun drehst du den Oberkörper ruhig nach links und rechts.

3 *Oberer Rücken und Schultermuskulatur*

Lege dich auf den Bauch mit den Händen an der Seite. Nun führst du beide Arme nach vorn und hebst dabei den Kopf und den Oberkörper vom Boden ab. Halte diese Stellung etwa 2 s und lege dich dann langsam ab.

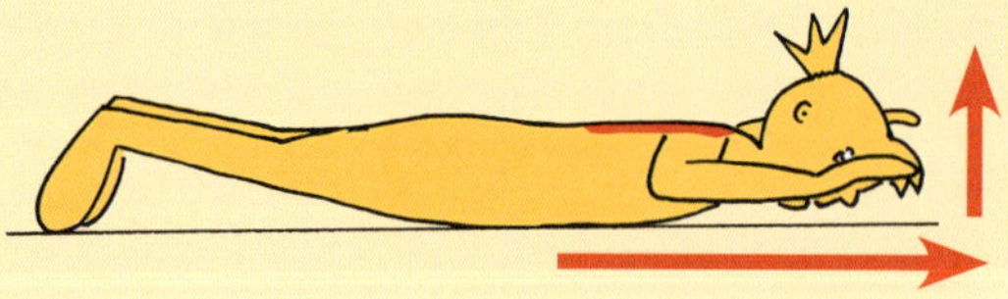

4 Bauch- und Rumpfmuskulatur

Lege dich auf den Rücken und hebe Kopf, Schultern und gebeugte Beine langsam vom Boden ab. Nun stelle dir vor, du bist beim Rudern und führst mit Armen und Beinen die Ruderbewegung aus. Dabei werden die Beine niemals ganz gestreckt.

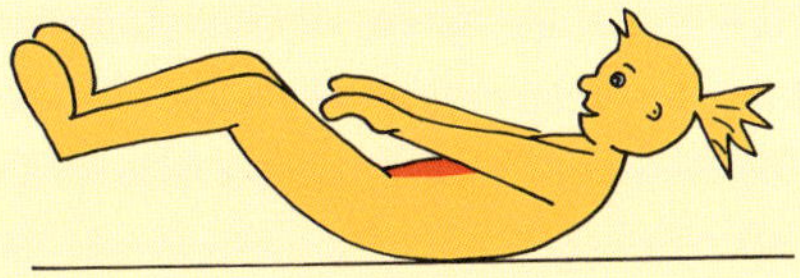

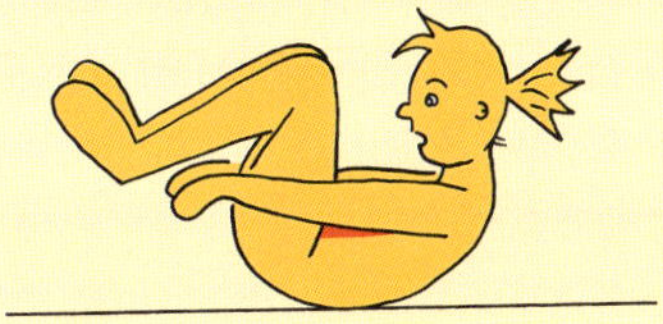

5 Gesäß- und Rückenmuskulatur

Lege dich mit gestreckten Armen und Beinen auf den Bauch. Nun „paddelst" du mit Armen und Beinen wechselseitig auf und ab.

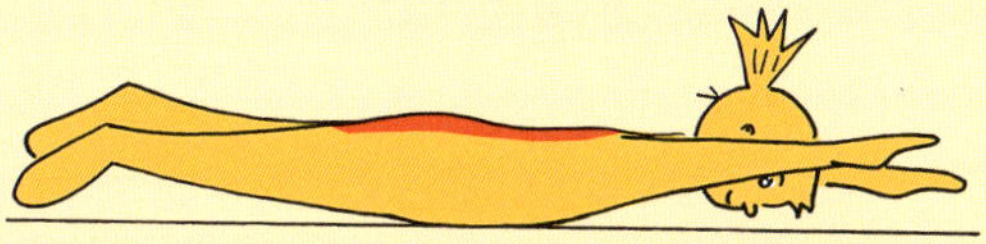

6 Gesäß- und Rückenmuskulatur

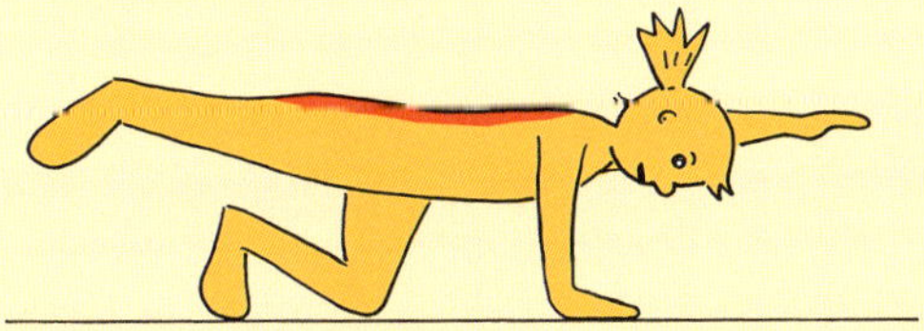

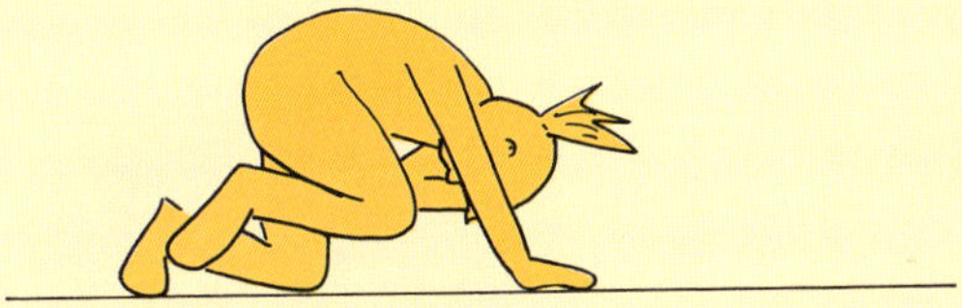

*Gehe in den Kniestand und stütze dich mit leicht gebeugten Armen auf. Nun streckst du das rechte Bein und den linken Arm bis zur Waagerechten – **Tisch**!*

*Nun rolle dich ein und führe dabei Stirn und Knie zusammen – **Hocker**!*

Nach 10 Wiederholungen wird gewechselt!

Ein starker Rumpf braucht rundherum gekräftigte Muskeln – Rücken, Bauch, Gesäß! Deshalb musst du immer ausgewogen trainieren.

Weitere Übungen findest du in unserem ersten Buch „Ich lerne Sportschießen".

Schnelligkeit

Schnelligkeit ist die Fähigkeit, die du brauchst, um eine Bewegung mit möglichst großer Beschleunigung und Geschwindigkeit auszuführen. Das eher statische Sportschießen verlangt keine maximale Bewegungsschnelligkeit wie im Sprint, bei den Ballsportarten oder Schwimmen. Jedoch in einigen Disziplinen des Sportschießens (Duell, Schnellfeuer, Flinte) braucht der Schütze sowohl eine gute Reaktionsschnelligkeit als auch Bewegungsschnelligkeit.

Im Sport unterscheiden wir in:

Reaktionsschnelligkeit: Als Sportschütze musst du auf spezielle optische Reize (z. B. Zielbild ist erreicht) schnell reagieren können.

Bewegungsschnelligkeit: Du kannst die Bewegung oder die notwendige Technik so schnell wie gefordert ausführen.

Wie kannst du die Schnelligkeit trainieren?

Gemeinsam mit dem Ausdauer- und Krafttraining lässt sich die Schnelligkeit trainieren. Achte auch im Training am Schießstand darauf, sobald du den Bewegungsablauf der Technik beherrschst, solltest du mit richtigem Tempo üben. Dein Trainer sagt dir, wie lange so ein Schussablauf dauern darf.

Außerhalb des Schießstandes sind alle Ballspiele, Staffelspiele und Fangspiele gut geeignet, bei denen du dich schnell bewegst und blitzartig reagieren musst. Aber auch mit Reaktionsspielen kannst du hervorragend üben.

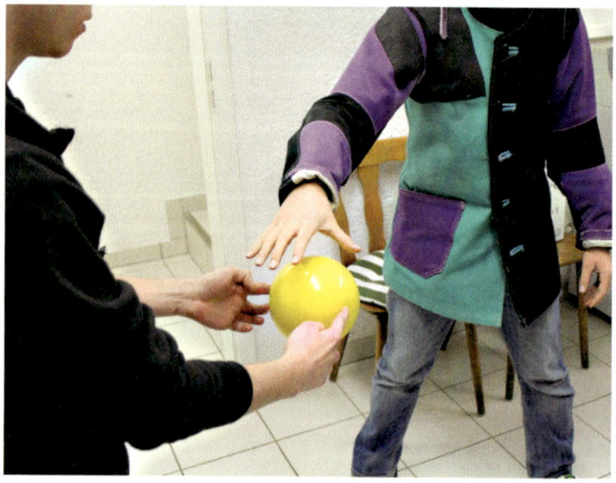

Beweglichkeit

Man spricht hierbei auch oft von *Gelenkigkeit*. Diese zeigt sich darin, wie weit der Sportler seine Gelenke beugen und strecken kann, wie weit seine Sehnen, Muskeln und Bänder eine Bewegung zulassen. Natürlich hat das auch etwas mit dem Alter und dem Körperbau, mit deiner Kraft, deinen Koordinationsfähigkeiten und der Elastizität deiner Muskeln und Sehnen zu tun. Aber es ist vor allem eine Sache des Trainings.

Die besonderen Stellungen und Bewegungen im Sportschießen erfordern eine Anpassung der Muskeln und Sehnen. Dazu gehört die optimale Position des Kopfs, der Schultern, der Hüfte und der Füße. Du willst eine stabile Stellung einnehmen und dich ohne große Schwankungen auf das Zielen und Abziehen konzentrieren können.

Wie kannst du die Beweglichkeit trainieren?

Es gibt zahlreiche Übungen, um die Beweglichkeit von Kopf bis zu den Zehen zu erhöhen. Einige davon findest du auch hier im Buch.

Bevor du nun aber deine Beweglichkeit vorführst und mit den Übungen beginnst, vergiss das Aufwärmen nicht. Starkes Dehnen führt bei kalten Muskeln und Sehnen schnell zu Verletzungen.

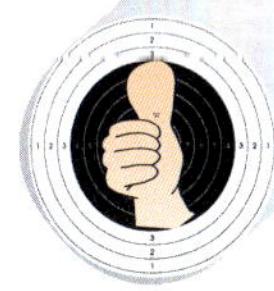

Reaktionsübungen

Mit diesen Übungen lernst du, den richtigen Moment zu erkennen und dann blitzschnell zu reagieren. Als Übungspartner ist jeder geeignet, dem es Spaß macht: Freunde, Eltern, Großeltern, Geschwister usw.

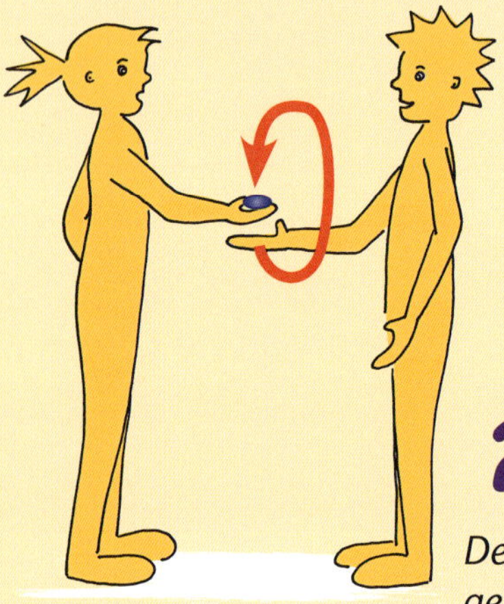

1 *Eine Münze schnappen*

Ein Partner legt eine Münze oder einen anderen kleinen Gegenstand in die offene Hand. Du legst deine Hand darunter und versuchst, den richtigen Moment zu finden, um plötzlich die Münze zu fangen. Der Partner kann die Hand ganz schnell wegziehen.

2 *Einen Stab fangen*

Dein Partner hält einen Stab oder einen ähnlichen Gegenstand in der Hand. Du stehst gegenüber. Nun wird der Gegenstand plötzlich losgelassen und du musst ihn schnell fangen, damit er nicht auf den Boden fällt.

3 *Die Hand schnappen*

Dein Partner stellt sich so wie im Bild auf. Die Hände sind im Abstand von ca. 20 cm auseinander und du versuchst, deine Hand durch diese Lücke zu bewegen. Er soll seine Hände zusammenschlagen, um dich zu fangen.

Versuche, die Hand unterschiedlich schnell zu bewegen. So kannst du deinen Partner auch täuschen und überlisten.

Probier einmal Folgendes aus, du wirst staunen: Du beginnst ganz schnell und stoppst vor seinen Händen ab. Er wird natürlich die Hände zusammenschlagen. Wenn er sie wieder öffnet, bewegst du deine Hand ganz langsam hindurch.

Reaktionsspiele

Mit Geschicklichkeitsspielen kann man prima langweilige Wartezeiten überbrücken. Ihr müsst nur aufpassen, dass ihr keine Fußgänger oder den Straßenverkehr behindert.

1 *Das Knie berühren*

Du stehst einem Partner gegenüber und ihr versucht, mit der Hand das Knie des anderen zu berühren. Gleichzeitig musst du das eigene Knie durch Ausweichen schützen. Ihr könnt auch Mannschaften bilden.

2 *Auf die Füße treten*

Stelle dich deinem Partner gegenüber und haltet euch an den Händen. Versucht nun, euch gegenseitig auf die Füße zu treten. Vorsicht, dass die eigenen Füße nicht erwischt werden. Es geht um Geschicklichkeit und nicht darum, dem Partner wehzutun!

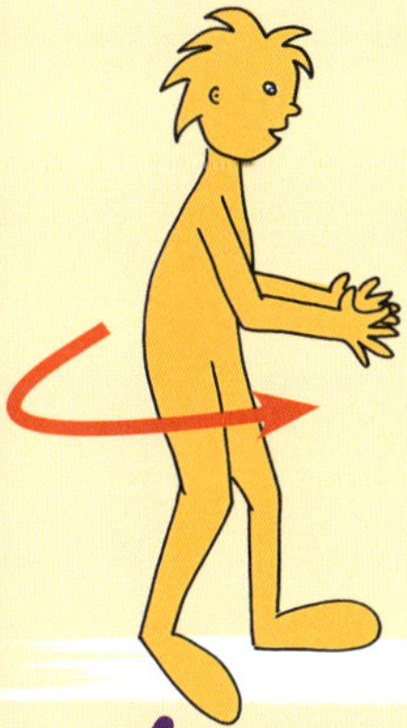

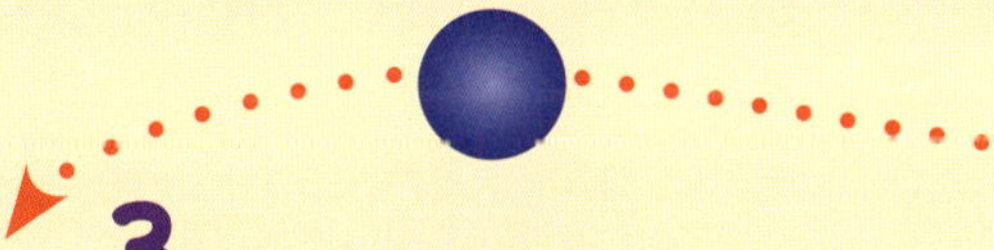

3 *Einen Ball fangen*

Du stehst im Abstand von ca. 4 m mit dem Rücken zu deinem Partner. Dieser wirft dir einen Ball zu und ruft dabei: „Fang!" Um den Ball zu fangen, musst du dich blitzschnell umdrehen.

4 *An der Seite kleben*

Ein Partner hält sich ständig an der rechten oder linken Seite des anderen auf. Dieser versucht, ihn durch Gehen, Laufen oder Drehen abzuschütteln. (Nicht im Kreis drehen!) Mal sehen, wer es am längsten schafft, nicht abgehängt zu werden.

Bei allen Spielen kommt es auf schnelle Reaktion und schnelle Bewegung an!

Übungen zur Beweglichkeit

Vergiss nicht: Erst nach einer Erwärmung mit diesen Übungen starten! Vor dem Training solltest du nur mobilisieren (d. h. „andehnen") und nach dem Training intensiver dehnen.

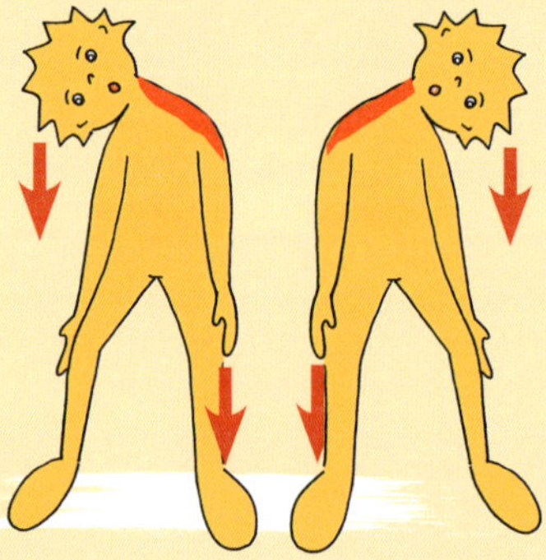

1 Dehnung der Nackenmuskulatur

Du stehst im leichten Grätschstand und legst den Kopf zur Seite. Danach wird gewechselt. Nun drehst du den Kopf stark zur rechten und dann zur linken Seite.

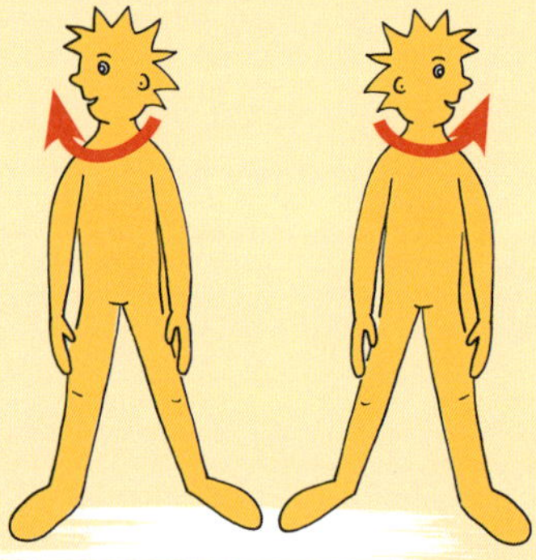

2 Dehnung der Schulter-, Rücken- und Armmuskulatur

- *Umfasse mit der freien Hand die Schulter oder auch den Ellbogen und ziehe den Arm weit nach hinten.*
- *Bei der zweiten Übung ist der Arm hinter dem Kopf und du ziehst am Ellbogen Richtung Boden.*

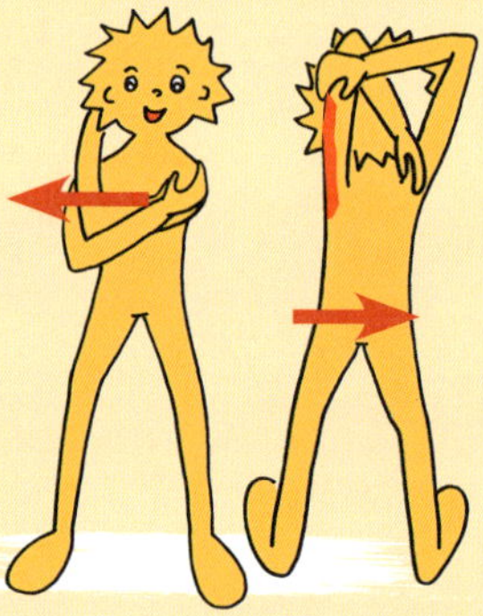

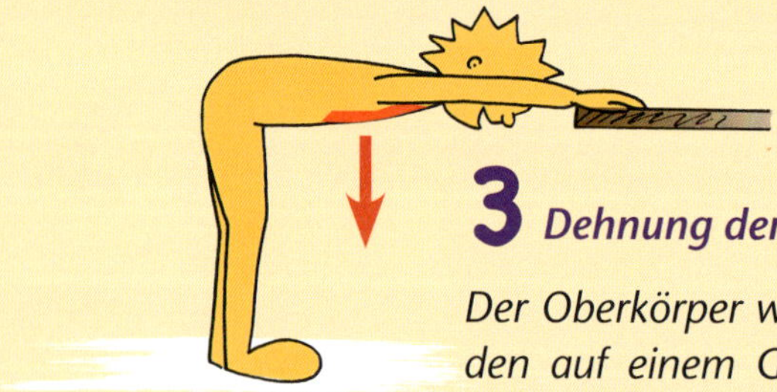

3 Dehnung der Brust-, Rücken- und Schultermuskulatur

Der Oberkörper wird nach vorn geneigt und die Hände werden auf einem Geländer, auf einer Stuhllehne oder einem Tisch abgelegt. Nun drücke den Oberkörper nach unten.

4 Dehnung des Rückens

Setze dich auf die Unterschenkel. Die Füße sind gestreckt. Nun strecke die Arme weit nach vorn und entspanne dich.

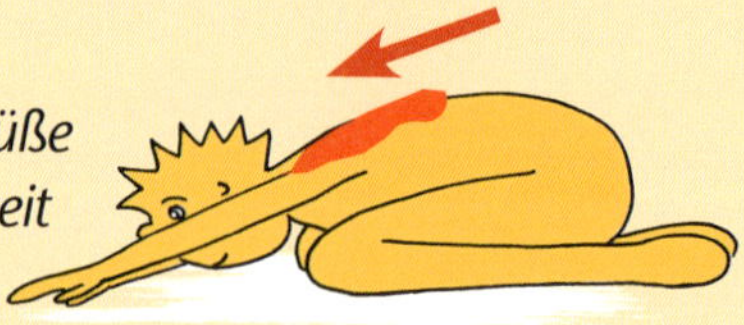

5 Dehnung des unteren Rückens

Du sitzt auf dem Boden und winkelst das rechte Bein an, das linke Bein ist gestreckt. Der linke Arm drückt leicht von außen gegen das angewinkelte Bein. Oberkörper und Kopf drehen dabei langsam nach rechts. Die Seiten wechseln!

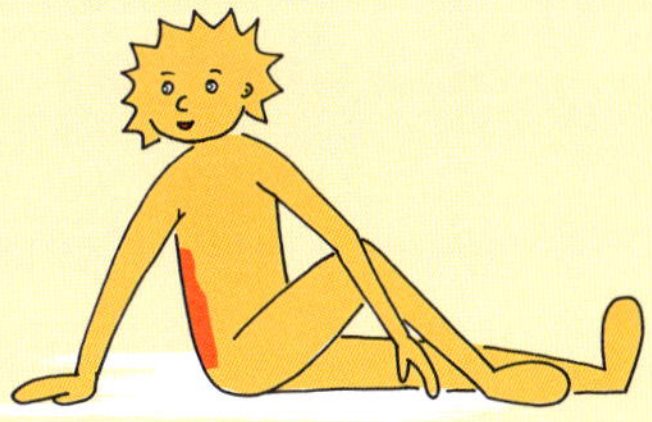

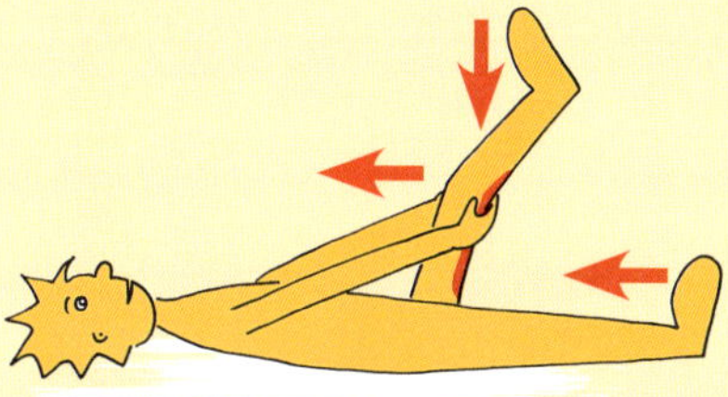

6 Dehnung der hinteren Oberschenkelmuskulatur

Lege dich auf den Rücken, umfasse das gebeugte Bein mit beiden Händen und ziehe das Knie in Richtung Brust. Das andere Bein bleibt gestreckt am Boden. Nun strecke das Bein langsam und ziehe beide Fußspitzen an.

7 Dehnung der Hüftmuskulatur

Du sitzt aufrecht, die Fußsohlen sind zusammen und dicht am Körper. Lege die Knie langsam nach außen. Nun drücke mit den Ellbogen von innen die Knie weiter nach außen.

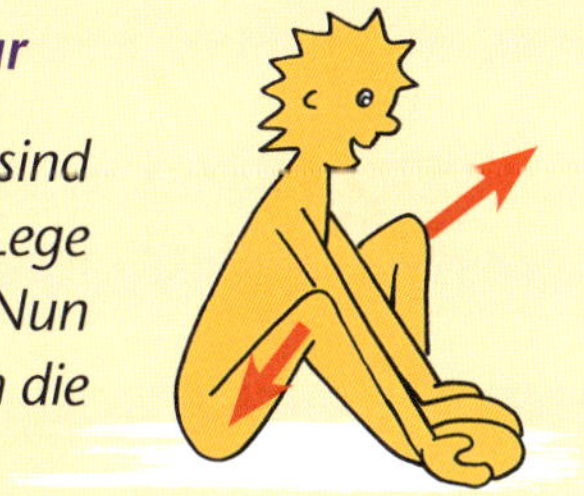

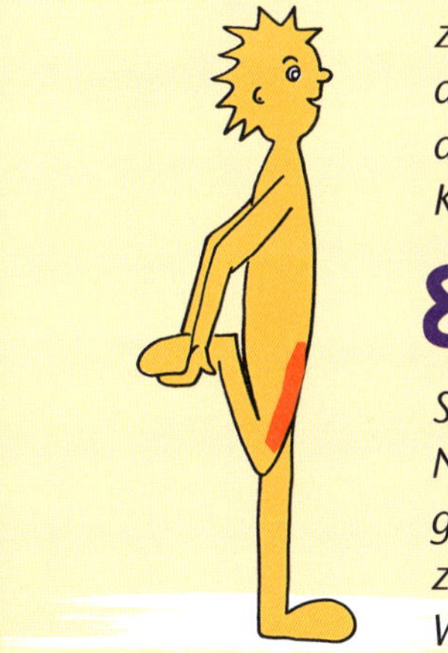

8 Dehnung des vorderen Oberschenkels

Stelle dich aufrecht hin und beuge ein Bein nach hinten. Nun ziehe leicht am Knöchel. Die Hüfte bleibt unbedingt gestreckt und die Knie zusammen. Um die Balance nicht zu verlieren, kannst du dich auch mit einer Hand an der Wand festhalten.

Halte jede Dehnposition mindestens 10 s. Die Dehnung wird langsam gesteigert, bis es leicht zieht – es darf aber nicht schmerzen! Viele weitere Übungen findest du in den verschiedensten Büchern.

Koordination

Sportschießen erfordert ein sehr gutes Koordinationsvermögen. Für die einzelnen Bewegungen ist ein ausgewogenes Zusammenspiel aller beteiligten Muskeln und des Nervensystems sehr wichtig. Das bedeutet, Ausdauer, Kraft, Schnelligkeit und Beweglichkeit müssen nun ausbalanciert zum Einsatz kommen – so wie es die jeweilige Schießdisziplin verlangt.

Im Schießsport unterscheiden wir verschiedene koordinative Fähigkeiten. Du hast verschiedenste Möglichkeiten, zu Hause oder im Freien deine koordinativen Fähigkeiten zu trainieren.

Gleichgewichtsfähigkeit

Ist der Anschlag aufgebaut, versuchst du, möglichst keine Schwankungen mehr zuzulassen. Jedes Schaukeln bringt Abweichungen im Trefferbild!

Einbeinstand, Balancieren, Einradfahren, Trockentraining (auch ohne Schuhe) auf weichen Matten oder Balance Pads.

Rhythmisierungsfähigkeit

Die Bewegungen beim Schießen unterliegen immer einem gewissen Rhythmus. Das erleichtert dir den genauen Anschlagaufbau, das Zielen und Abziehen. Vor allem, wenn mehrere Schüsse schnell nacheinander abgegeben werden sollen, ist ein spezieller Rhythmus in der Abfolge notwendig.

Schussrhythmustraining und Schießrhythmustraining mit der Stoppuhr, mit und ohne Kommandos durch den Trainer.

Reaktionsfähigkeit

Das ist die Fähigkeit, das richtige Zielbild zu erkennen und darauf den Schuss auszulösen.

Fangspiele, Reaktionsspiele, Zielbildtraining, aufgelegt auf eine weiße Scheibe/auf eine Spiegelscheibe.

Kopplungsfähigkeit

Wie aus dem Wort schon erkennbar ist, werden Bewegungen aneinandergekoppelt. Es sind Bewegungen und taktische Abläufe, die beim Sportschießen gleichzeitig oder unmittelbar nacheinander ablaufen.

Elementetraining: *Halten, atmen, zielen, abziehen, einzeln üben.*
Kombinationstraining: *Halten – atmen, halten – atmen – zielen, zielen – abziehen, den Gesamtablauf trainieren.*

Differenzierungsfähigkeit

Ein Sportschütze braucht die Fähigkeit, Tempo, Kraftaufwand und Entfernungen richtig einschätzen zu können. Das ist notwendig für sinnvolle Bewegungen, richtiges Zielen, präzises Abziehen und ausreichendes Nachhalten/Nachzielen.

Zielwerfen in unterschiedlich entfernte/große Ziele, Luftballontreiben, Schießen auf größere/kleinere Scheiben, Schießen mit höherem/geringerem Abzugsgewicht, Schießen mit/ohne Ladung, Linksanschläge für Rechtshänder.

Orientierungsfähigkeit

Du brauchst die Fähigkeit, dich bei jeder Bewegung immer wieder im umgebenden Raum zu orientieren und dich schnell auf die Scheibe auszurichten.

Mit verbundenen Augen Personen auf Zuruf orten, Ballspiele, am Schießstand: Einrichten – Blindanschläge – Nullpunktkontrolle – und von vorn.

Anpassungs- und Umstellungsfähigkeit

Natürlich wünschst du dir Ruhe, optimale Lichtverhältnisse und keine Störungen oder Veränderungen am Schießstand. Doch nicht immer sind die Bedingungen optimal! Es ist wichtig, sich schnell auf neue Situationen einzustellen.

Mehrere Sportler jonglieren jeweils einen Luftballon und versuchen, gleichzeitig den Luftballon des anderen wegzuklatschen, Training mit Störungen, veränderte Lichtverhältnisse, Kälte/Hitze.

Übungen zur Koordination

Auf den vorangegangenen Seiten haben wir die koordinativen Fähigkeiten erklärt und hier kommen unsere Übungsvorschläge.

1 *Im Rhythmus springen*

- *Springe im gleichmäßigen Rhythmus eine Linie entlang und drehe dich bei jedem Sprung um eine Vierteldrehung.*
- *Zeichne dir eine Schlangenlinie auf den Boden und versuche, diese beidbeinig und im gleichmäßigen Rhythmus entlangzuspringen.*

2 *Mit geschlossenen Augen*

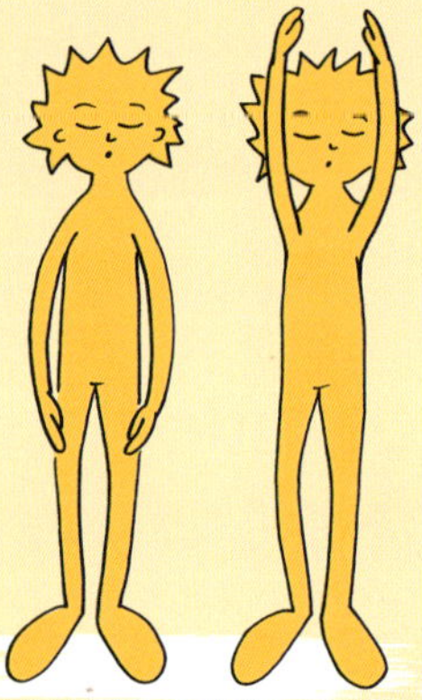

Stelle dich aufrecht hin, schließe die Augen.

- *Halte die Arme zur Seite.*
- *Strecke die Arme nach oben.*
- *Gehe in einen Ausfallschritt nach vorn/zur Seite und zurück.*

3 *Auf einem Bein stehen*

- *Beine wechseln – erst rechts, dann links.*
- *Schließe dabei die Augen.*
- *Halte die Arme zur Seite und dann nach oben.*

4 *Auf einem wackligen Untergrund stehen*

- *Stelle dich auf eine Matte, ein Kissen oder eine zusammengerollte Decke.*
- *Stelle dich auf einen dünneren (liegenden) Baumstamm.*
- *Stelle dich auf ein Wackelbrett oder einen Sportkreisel.*

5 Seilspringen

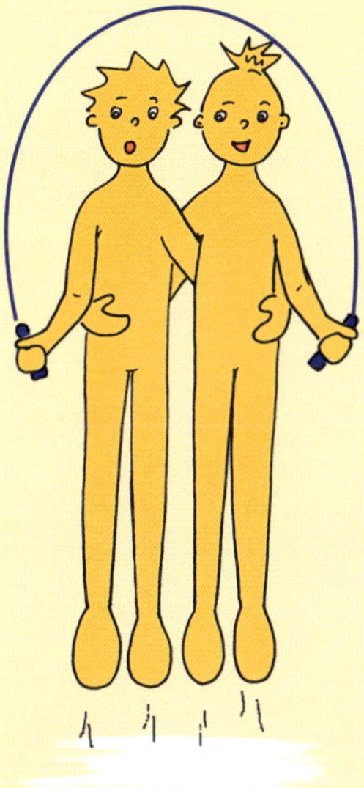

- *Variiere beim Seilspringen: Zwischenhopser, Doppeldurchschlag, laufen, die Arme kreuzen … usw.*
- *Partnerspringen hintereinander oder nebeneinander.*

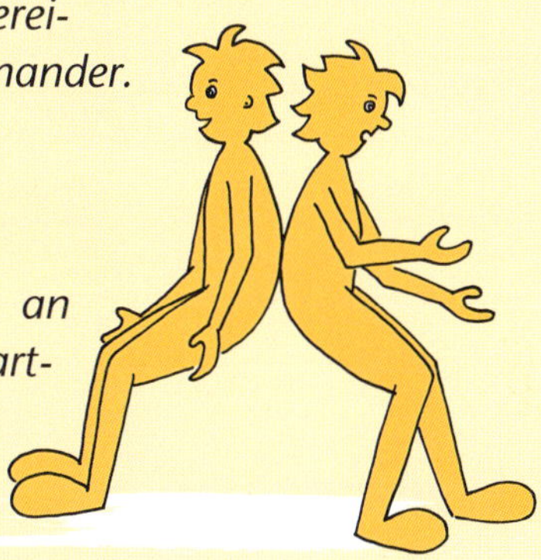

6 Zweikampf

- *Stelle dich Rücken an Rücken mit einem Partner. Wer gewinnt das „Drückduell"?*

7 Jonglieren

Eine sehr gute Übung ist das Jonglieren mit Bällen oder anderen passenden Gegenständen. So kannst du gut die Koordination von Hand und Auge trainieren.

8 Geduldsspiele

Achtung, hier geht es nicht um Kinderspielchen!

Beim Turmbau auf der Wackelunterlage, „Jenga" oder ähnlichen Geduldsspielen brauchst du ein gutes Auge und vor allem eine ruhige Hand.

Bestimmt fallen dir noch weitere Übungen ein, um deine koordinativen Fähigkeiten zu trainieren.

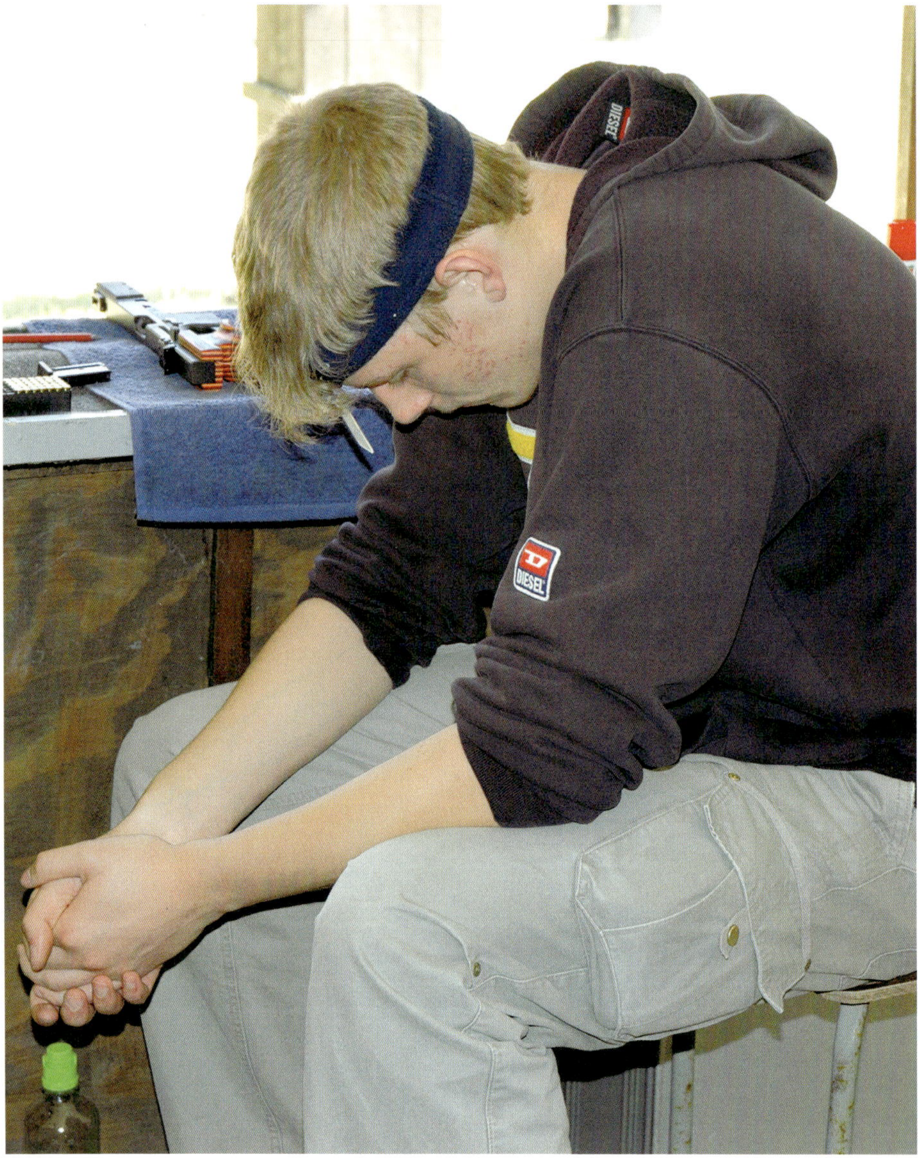

6 Auf die Psyche kommt es an

Wie kommt es, dass die Menschen Freude und Trauer empfinden können, dass sie sich verlieben oder jemanden hassen? Wie kommt es, dass die Menschen denken, sich erinnern und träumen können?

Schon immer hat man wissen wollen, was da in unserem Körper passiert. Man konnte es sich nicht erklären und hat das Ganze *Seele* genannt. Der berühmte Mediziner Rudolf Virchow (1821-1902) hat einmal seine Studenten aufgefordert, die Seele im menschlichen Körper zu suchen. Aber was sie bei den zu sezierenden Leichen fanden, waren das Gehirn, das Herz, die Lunge, die Leber und alle anderen Organe. Aber eine Seele fanden sie nicht.

Diese konnte auch nicht gefunden werden, weil das Wahrnehmen und Vorstellen, das Denken und Entscheiden sowie das Fühlen und Wollen Ergebnisse der Tätigkeit unseres Gehirns sind. Die Wissenschaft, die sich damit beschäftigt, heißt *Psychologie* und der alte Begriff der *Seele* wurde durch das Wort *Psyche* ersetzt.

Mit psychischen Fähigkeiten ist somit gemeint, wie der Sportschütze mit Freude, Ärger, Wut, Aufregung, Siegeswillen, Angst und den vielen anderen Gefühlen umgehen und sie im Training und im Turnier nützlich und erfolgreich einsetzen kann. In der Psychologie wird auch untersucht, wie das Denken abläuft und wie unsere Muskeln Befehle erhalten. Wir stellen uns unser Gehirn als Computer vor, der alles steuert. Während des Schießens läuft dein „Computer" auf Hochtouren, deshalb müssen seine Programme gut aufeinander abgestimmt sein.

Wahrnehmung

Ein guter Schuss ist nur möglich, wenn der Schütze wichtige Informationen schnell wahrnehmen und richtig verarbeiten kann. Im Sportschießen geht es vor allem darum, in Bruchteilen von Sekunden die Bausteine des richtigen Zielbilds vollständig und exakt zu erfassen sowie das Bewegungs-, Druck- und Kraftempfinden in der Muskulatur zu spüren. Im richtigen Moment reagierst du, um den Schuss auszulösen.

Wahrnehmung – Schaltung – Gehirn – Muskel

In der Zeichnung siehst du ganz vereinfacht, wie dieser Prozess abläuft. Über Rezeptoren, die sich in unseren Sinnesorganen befinden, nimmst du viele Informationen auf. Du siehst etwas, hörst, schmeckst und fühlst. Diese Informationen werden dann über Nervenbahnen zum Gehirn geleitet. Auf dem Weg zum Gehirn enden sie erst einmal in einer Schaltstation. In unserer Zeichnung ist es ein Stück des Rückenmarks, das sich in der Wirbelsäule befindet. Das Gehirn „meldet" dann an den jeweiligen Muskel, wie er arbeiten soll.

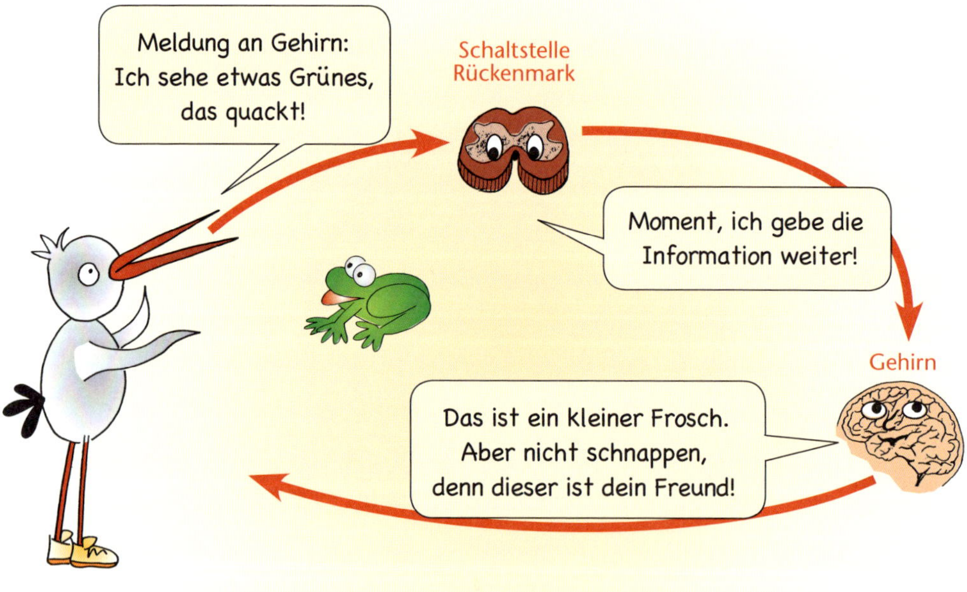

Optische Unterscheidungsfähigkeit

Das Erkennen des Zielbildes – Kimme/Diopter, Korn/Ringkorn, Lichthöfe, Scheibenspiegel usw. – ist entscheidend für einen guten Schuss. Beim richtigen Beurteilen des Zielbildes muss der Schütze eine extreme Unterscheidungsleistung aufbringen. Nur geringe optische Fehler führen zu Abweichungen im Bereich ganzer Ringzahlen.

*In der Fachsprache spricht man von **optischer Diskriminationsfähigkeit**. Die führende Rolle hat dabei das Auge und im Gehirn wird entschieden!*

Empfindlich und sensibel

Für das Sportschießen brauchst du eine gut ausgebildete Bewegungs- und Druckempfindlichkeit. Deine Messfühler arbeiten hier bei ganz kleinen und feinen Bewegungsaufgaben sehr präzise. Das saubere Drücken am Abzug ist eine sehr anspruchsvolle und im Sportschießen die zentrale Aufgabe. Sie muss zeitgleich mit dem Zielbild koordiniert werden.

Mit viel Körperkontrolle und einem hohen Maß an Gefühl steuerst du erfolgreiche Bewegungsabläufe im Sportschießen!

Reaktion

Schnell, richtig und exakt zu reagieren, ist eine sehr wichtige Anforderung an den Sportschützen. Auf das richtige Zielbild sowie auf Veränderungen oder Störungen muss der Schütze sofort mit der entsprechenden Handlung reagieren.

Wir unterscheiden in Reaktionen auf ein plötzlich auftretendes Signal (Erscheinen des Zielbildes im Zielvorgang) und die Reaktion auf ein erwartetes Signal (z. B. beim Schnellfeuer- oder Duellschießen).

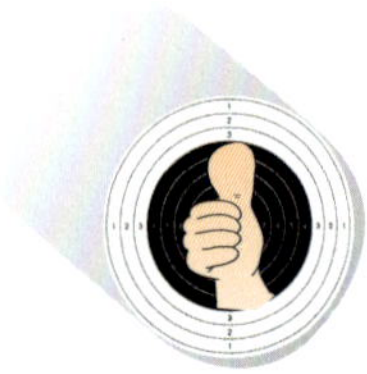

Wie du „drauf" bist – also, in welcher psychischen Verfassung du bist –, hat große Auswirkungen auf deine sportliche Leistung. Vor allem du selbst hast es in der Hand, ob du in positiver oder negativer Stimmung bist. Du kannst deine eigene Verfassung mit Gedanken, Selbstgesprächen oder Selbstinstruktionen beeinflussen.

Einstellung mit negativer Auswirkung

Du fühlst dich körperlich nicht gut, die Bedingungen am Schießstand gefallen dir nicht und das Einschießen war nicht sehr ermutigend – du denkst dir, das kann ja nur schiefgehen. Wahrscheinlich wird es das mit dieser Einstellung auch ... !

- ***Ungünstige äußere Bedingungen***
  „Bei diesen Lichverhältnissen bringe ich nie gute Leistungen! Das ist jedes Mal so!"
- ***Schlechter Schuss***
  „Nun habe ich wieder mit einer 8 angefangen – aber ich muss doch unbedingt eine 10 schießen!"
- ***Die letzten Ergebnisse waren nicht überragend***
  „Warum bin ich eigentlich hier? Wenn ich an meine letzten Ergebnisse denke, habe ich sowieso keine Chance!"
- ***Schlechter Wettkampfbeginn***
  „Ich bin ein Versager, alle lachen mich aus! Eigentlich könnte ich gleich wieder heimgehen."
- ***Guter Wettkampfbeginn***
  „Na ja, Glück gehabt! Ein blindes Huhn findet auch mal ein Korn!"

Sei bereit, Unterstützung anzunehmen! Trainer, Freunde und Eltern machen dir Mut, hören dir bei Selbstzweifeln zu, geben dir Tipps oder lenken dich auch mal ab!

Einstellung mit positiver Auswirkung

Du glaubst an dich, machst dir Mut und spornst dich an. In den äußeren Umständen siehst du die Vorteile und du erinnerst dich an erfolgreiche Wettbewerbe – mit dieser Einstellung kann es nur gelingen! Sporne dich an, ohne unaufmerksam oder überheblich zu werden.

- ***Ungünstige äußere Bedingungen***
  „Kein Problem, da kann ich meine technischen Stärken ausspielen!"
- ***Schlechter Schuss***
  „Das kann mal passieren, jetzt aber wieder Konzentration auf einen sauberen Schuss!"
- ***Die letzten Ergebnisse waren nicht überragend***
  „Ich habe fleißig trainiert, aber die Ergebnisse waren noch nicht so überragend! Nun aber ist es endlich so weit! Heute ist mein Tag!"
- ***Schlechter Wettkampfbeginn***
  „Kann mal passieren – kein Problem! Das hole ich wieder auf! Ich zeige es allen!"
- ***Guter Wettkampfbeginn***
  „Wer sagt's denn – heute läuft es! Nun nicht unkonzentriert werden und dann geht es auch so weiter!"

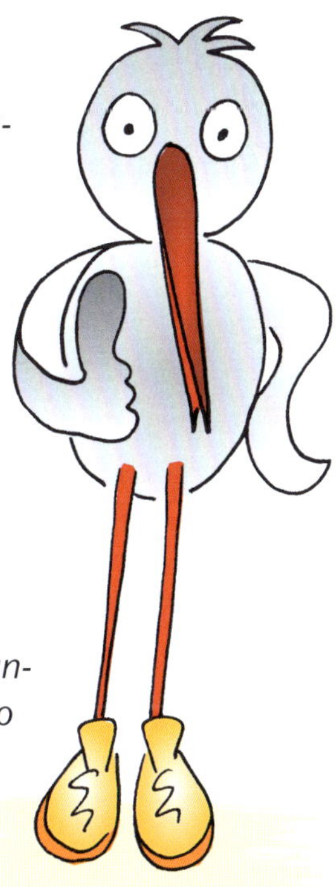

Psychische Verfassung

Mit viel Training bereitest du dich auf den Wettkampf vor. Immer wieder arbeitest du an deiner Technik und feilst am Anschlag. Du erhältst Tipps, korrigierst Fehler und übst so lange, bis es klappt. Du hast supergute Serien. Nun bist du perfekt vorbereitet und musst eigentlich alles nur so machen wie im Training. Doch was ist nun los? Du zitterst vor Aufregung, kannst das Ziel nicht fixieren und ziehst zu früh ab. Du kannst dich kaum auf die Scheibe konzentrieren. Bist du nun deinen Gefühlen und den zitternden Armen und Beinen hoffnungslos ausgeliefert oder kann man die Psyche auch trainieren? Da wollen wir dich beruhigen, du kannst etwas dafür tun!

Es ist wichtig, zu wissen, was in deinem Inneren überhaupt vorgeht. Wenn du die Ursachen kennst, kannst du dich besser darauf einstellen und dich auf solche Situationen vorbereiten.

Anspannung und Nervosität

Die Aufregung vor einem Wettbewerb ist normal und ganz wichtig. Kein Sportler kann erfolgreich sein, wenn er alles ganz cool und locker sieht. Diese innere Anspannung hilft dir, beste Leistungen zu vollbringen. Nur zu viel Aufregung ist schädlich. Du kannst dich weniger konzentrieren, bist verkrampft und vor allem – du machst Fehler.

Angst

Es gibt unterschiedliche Gründe für einen Sportler, Angst zu haben. Manchmal ist es die Angst, schlecht zu reagieren und zu versagen. Auch der Umgang mit dem speziellen Sportgerät, bei dem du besondere Sicherheitsvorschriften beachten musst, kann Angst machen. Dazu kommt bei manchem die Furcht vor dem Abziehen! Vielleicht hattest du in letzter Zeit schlechte Ergebnisse oder du bist nicht sicher, gut genug für dein Team zu sein. Oder du wirst kritisiert.

Ein wenig Respekt ist ganz nützlich. Er lässt dich ernsthafter, konzentrierter und aufmerksamer sein. Ansonsten ist ein ängstlicher Schütze unsicher und es fehlt ihm an Willensstärke. Gegen dieses negative Gefühl kannst du im

Training, im Gespräch mit Mannschaftskameraden, dem Trainer, mit Eltern oder Freunden angehen. Oft helfen Entspannungsübungen, aber auch gezieltes Wettkampftraining und das Training mit Leistungsvorgaben.

Wut

Du kannst auf viele Dinge wütend sein – auf deinen Trainer, deine Sportkameraden, deine Eltern, die Freundin, den Gegner, die Schule usw. Vielleicht klappt die Technik im Training oder im Wettkampf nicht so, wie du es dir vorgenommen hast. Bist du auch manchmal wütend auf „schlechtes" Material oder unzureichende Beleuchtung? Du musst lernen, mit aggressiven Gefühlen umzugehen. Lass den Zorn nicht am Material, deinen Sportkameraden oder dem Trainer aus. Verspürst du Ärger, dann nutze dieses Gefühl, um noch konzentrierter an deine Aufgabe zu gehen. Bleibe ruhig und nimm dies als Ansporn.

Oft helfen dir kleine Selbstgespräche zum Konzentrieren, Mutmachen und Anspornen!

Selbstüberwindung

Als Schütze wirst du immer wieder in Situationen geraten, in denen du aufgeregt bist, Angst oder Wut hast, an deine Grenzen gehst oder nur lustlos bist. Du solltest auch im Training durchhalten, dich steigern und, wenn nötig, die Zähne zusammenbeißen. Suche dir immer wieder neue Herausforderungen und sei auch bereit, etwas Neues zu probieren. Du stößt immer wieder an deine Grenzen und lernst, diese in vernünftigem Maß zu überwinden.

Solche Herausforderungen können sein:

- ***Angst bei starken Gegnern***
  „Den kann ich bestimmt nicht einholen. Der ist zu stark!"
- ***Körperliche Leistungsgrenzen beim Training***
  „Ich kann nicht mehr, es ist zu anstrengend! Ich kann mich nicht mehr konzentrieren und der Arm wird schwer!"
- ***Angst vor Neuem***
  „Mit dieser Waffe habe ich noch nie geschossen! Warum soll ich jetzt etwas Neues probieren? Das geht bestimmt schief!"
- ***Konflikte mit Trainern oder Sportkameraden***
  „Immer habe ich Schuld! Keiner bemerkt meine Schwierigkeiten! Keiner hilft mir! Keiner mag mich!"

Überwinde dich selbst und du wirst später stolz auf dich sein. Selbstüberwindung im Sport stärkt dich und hilft dir, auch Probleme in der Schule und in anderen Lebensbereichen zu meistern.

Bist du dir nicht sicher, wie du mit deinen Problemen umgehen sollst, dann überwinde dich und lasse dich beraten. Bestimmt sind Eltern, Trainer, Freunde oder der Sportarzt gute Ansprechpartner.

Aufmerksamkeit und Konzentrationsfähigkeit

Ob gerade Unruhe am Schießstand ist, Zurufe kommen oder sich dein Gegner über ein prima Schussergebnis freut – lass dich nicht ablenken! Du musst dich voll auf dein Ziel konzentrieren. Gedanken an private Probleme, die Angst vor möglichen Fehlern oder einer Niederlage lenken ab. Auch Schulprobleme oder Überlegungen, was du zur nächsten Party anziehst, müssen während des Trainings oder des Wettkampfs außer Acht gelassen werden.

Tipps zur Verbesserung der Aufmerksamkeit

- **Konzentriere dich voll auf dein Ziel!**
  Wenn du keine wirkliche Lust hast, dich auf eine Aufgabe zu konzentrieren, lässt du dich von jeder Kleinigkeit ablenken. Du denkst daran, was deine Freunde gerade machen oder schaust einem Vogel nach. Nimm dir vor, dich jeweils nur kurz, aber effektiv auf eine Aufgabe zu konzentrieren. Das kann ein Schussablauf im Training oder eine Hausaufgabe aus der Schule sein. Das spart auf jeden Fall Zeit und Energie!

- **Lass dich nicht ablenken!**
  Konzentriere dich im Training nacheinander auf einzelne Teilelemente deines Gesamtablaufs und starte nach jedem Schuss gedanklich neu und von vorn. Wenn du dagegen schaust, was die Zuschauer oder Gegner machen, lenkst du die Aufmerksamkeit vom Schießablauf weg und wenn du dann noch denkst, was wäre, wenn du einen Fehler machst, dann ist er auch schon da!

- **Lege Konzentrationspausen ein!**
  Deine Konzentrationsfähigkeit ist nicht unendlich. Jeder Mensch muss sich ausruhen und auch gedanklich neue Kräfte sammeln. Lenke deine Aufmerksamkeit im Schussablauf gezielt auf die Teilschritte und nimm zwischen den Schüssen gedanklich den „Gang raus“ und beobachte einfach deine Handlungsrituale, wie z. B. die Waffe ablegen, die Waffe aufnehmen, laden, Scheibenwechsel usw.

Die Kunst beim Schießen liegt darin, zum richtigen Zeitpunkt gedanklich an der richtigen Stelle zu sein und zwischen den Schussverläufen „abschalten“ zu können, ohne sich dabei abzulenken!

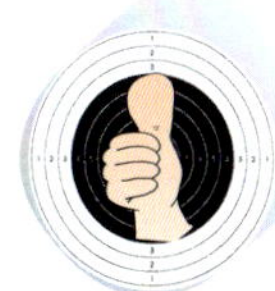

Druck kommt von Erwartungen

Kennst du das, dass du trotz optimaler Vorbereitung und sehr guten Trainingsleistungen im Wettkampf versagt hast? Alle waren verwundert und auch du selbst warst fassungslos. Was war geschehen? Mit dir ist passiert, was auch ganz erfolgreichen Sportlern bei wichtigen Wettkämpfen passieren kann. Der Druck war einfach zu stark! Du warst zu aufgeregt, konntest dich nicht konzentrieren und nicht deine eigentliche Leistung bringen.

Je nachdem, wie wichtig der Wettkampf ist, kann das sehr ärgerlich sein. Du solltest wissen, warum so etwas auftritt und was man dagegen unternehmen kann.

- Druck kommt von **Erwartungen, die von außen kommen.** Sie kommen von deinen Eltern, deinem Trainer, dem Verein und deinen Freunden. Sie erwarten (oder du denkst, dass sie es erwarten) gute Leistungen von dir.

- Und dann kommen noch die **Erwartungen, die du an dich selbst hast**. Du nimmst dir eigene Ziele vor, die du erreichen willst.

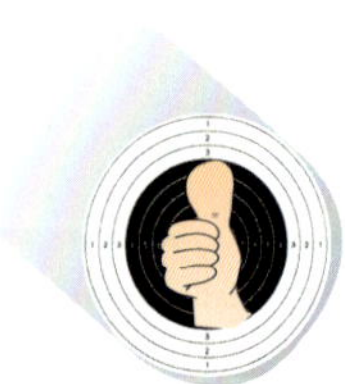

Dieser Erwartungsdruck wird manchmal zu groß. Du bekommst Angst, dass du die hohen Erwartungen, die andere an dich stellen oder die du an dich selbst hast, nicht erfüllst. Und das ist stressig!

Wie du mit Druck fertig wirst

- **Bereite dich die Woche über im Training gut auf den Wettkampf vor.** Trainiere fleißig und konzentriert. Stelle dich auf die Anforderungen, die dich erwarten, richtig ein. Dann ist das, was kommt, keine Überraschung mehr.

- **Lege abends alles zurecht,** kontrolliere alles, gehe zeitig schlafen, frühstücke gut und fahre rechtzeitig von zu Hause los.

- **Lass alle Probleme,** die nichts mit dem Wettkampf zu tun haben, draußen. Stelle dir vor, wenn du auf dem Schießstand bist, kommen keine äußeren Probleme mehr an dich heran. Du konzentrierst dich nur noch auf den Wettbewerb und das Ziel. Du brauchst den sogenannten *Tunnelblick*.

- **Wenn du dir Ziele vornimmst, wählst du auch den Druck, der auf dir lastet.** Du könntest dir natürlich leicht erreichbare Ziele stellen und damit dem Druck ausweichen, indem du z. B. sowieso nicht unbedingt gewinnen oder gar nicht erst antreten willst. Stelle dir hohe, aber erreichbare Ziele. Etwas Druck muss sein. Das macht Spaß, spornt an und nur so kannst du gute Leistungen bringen.

- **Druck formt den Charakter!** Du wirst nur stark und von Mal zu Mal belastbarer, wenn du immer wieder Drucksituationen bewältigst. Wer dem Druck ausweicht und ständig nach Entschuldigungen sucht, wird ein „Weichling" und unter seinen eigenen Möglichkeiten bleiben. Wer sich selbst überwindet, stärkt seinen Charakter.

Beobachte erfolgreiche Schützen beim Entspannen und Konzentrieren am Stand und in den Pausen. Wie reagieren sie bei Fehlern, bei veränderter Situation, bei Erfolgen und bei Niederlagen? Versuche, sie nachzuahmen und finde heraus, was bei dir zum Erfolg führt. Übe diese Rituale und führe sie immer wieder aus. Fähigkeiten, die du beim Sportschießen ausbildest, werden dir häufig auch in anderen Lebensbereichen nützlich sein!

Entspannen durch Yoga

Diese jahrtausendealte indische Lehre richtet sich auf die Harmonie zwischen Körper, Geist und Seele. Sie umfasst Atemübungen und körperliche Übungen, bei der Muskeln und Bänder langsam gedehnt werden. Du hörst in dich hinein, findest deine Mitte, wirst gelassener und konzentrierter.

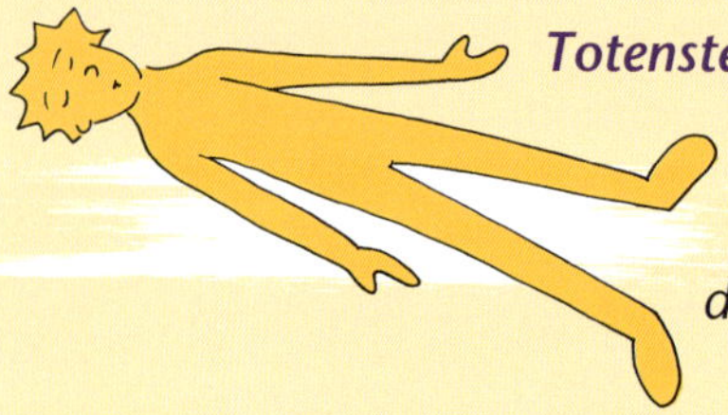

Totenstellung

Völlig flach und entspannt liegst du auf einer nicht zu weichen Unterlage. Die Arme liegen locker neben dem Körper, die Handflächen zeigen nach oben und die Augen sind geschlossen. Du versuchst, alle Muskeln zu entspannen, denkst an nichts, grübelst nicht, planst nichts! Atme sanft und langsam. Schalte bei störenden Gedanken „auf Durchzug"!

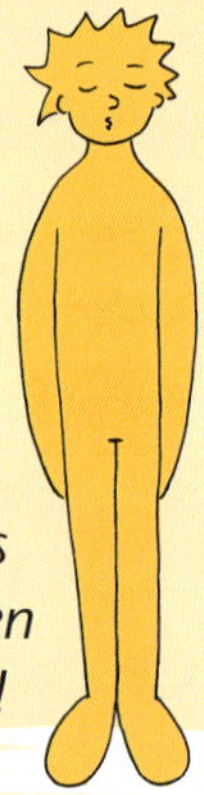

Bergstellung

Wie ein Berg stehst du fest und gerade auf der Erde. Der Kopf ist aufrecht, die Schultern sind locker und die Arme hängen entspannt. Wenn du die Augen schließt, wird es schwerer, das Gleichgewicht zu halten. Stelle dir vor, dass von Kopf bis zu den Füßen eine senkrechte Linie verläuft – konzentriere dich darauf!

Atmung

Der Atem sollte langsam und gleichmäßig fließen. Du spürst, wie gut dir das Einatmen tut und wie du alles Unangenehme ausatmest. Du wirst innerlich ausgeglichen und tankst neue Energie.

*Ganz entspannt in Totenstellung, Bergstellung oder im **Lotussitz** kannst du die Bauchatmung, Brustatmung oder Wechselatmung ausführen. Lege die Hände auf Bauch oder Brust, um das Ein- und Ausströmen zu spüren.*

Bei allen Übungen soll im gleichmäßigen Rhythmus geatmet werden. Du darfst nicht die Luft anhalten!

Gruß

Die Grußstellung ist eine fließende Bewegung, bei der die Hände über dem Kopf zusammengehen. Diese Übung ist gut für die Atmung, weil sich durch die nach oben gestreckten Arme der Brustkorb weitet und die Wirbelsäule aufrichtet. Ausgangs- und Endstellung ist die Bergstellung.

Schulterstand

1 Du liegst flach auf dem Boden und hebst langsam die gestreckten Beine nach oben bis zur Senkrechten.

2 Nun hebst du das Becken vom Boden und stützt die Hände in die Hüften.

3 Jetzt werden die Beine langsam und vorsichtig über den Kopf nach hinten gesenkt.

4 In der letzten Phase winkelst du die Beine an.

5 Nun rollst du langsam wieder in die Ausgangslage.

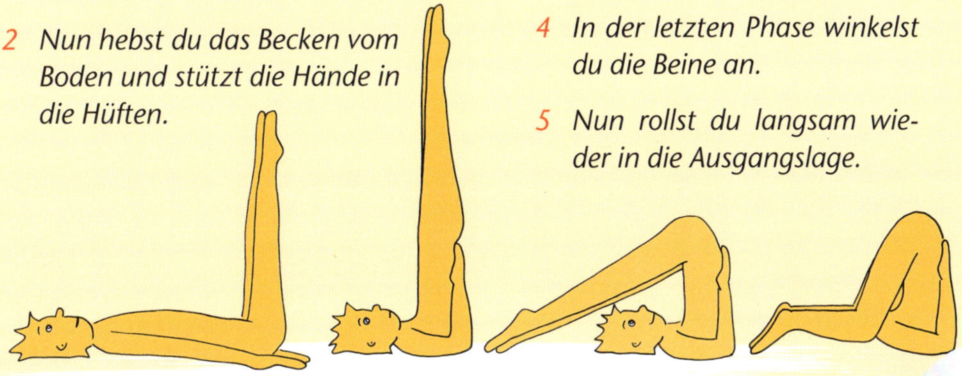

Bist du neugierig geworden? Haben wir dein Interesse geweckt, dann erfährst du alles über die genaue Ausführung der Übungen in speziellen Yoga-Büchern und in Yoga-Kursen.

Progressive Muskelentspannung

Bist du unruhig, aufgeregt und unkonzentriert, dann ist es nicht immer so leicht, sich selbst zu beruhigen. Da hilft der Trick: erst anspannen, dann entspannen! Bewusst spannst du bestimmte Muskeln oder Körperteile an und nach kurzem Halten entspannst du fast von selbst. Das nennt man progressive Muskelentspannung oder progressive Relaxation.

Für die Übungen nimmst du eine bequeme und angenehme Lage im Liegen oder Sitzen ein.

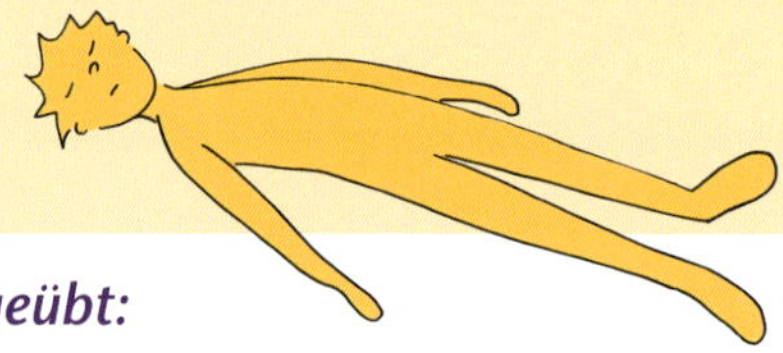

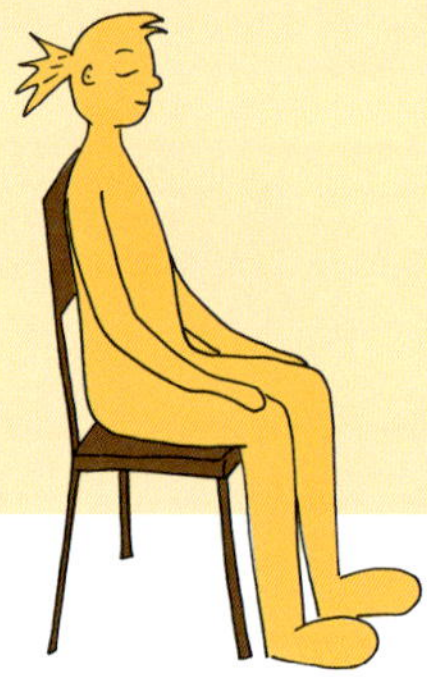

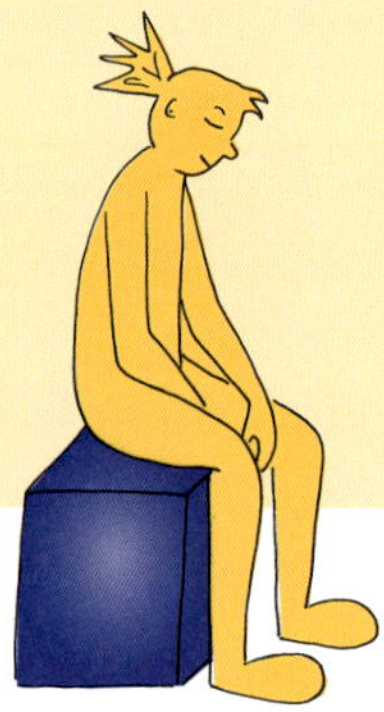

So wird geübt:

- *Die entsprechenden Muskeln werden angespannt.*
- *Atme dabei normal weiter.*
- *Du spürst die Spannung, ohne zu verkrampfen oder Schmerzen zu empfinden.*
- *Halte die Spannung etwa 5-10 s.*
- *Löse die Spannung und ruhe etwa eine halbe Minute aus.*
- *Jetzt kannst du die vollständige Lösung der Muskeln und die Entspannung spüren.*

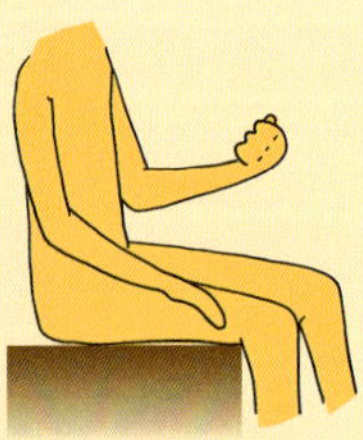

Hand und Unterarm

Du ballst die Hand langsam zur Faust und spürst dabei die Spannung in Hand und Unterarm. Löse nach etwa 5-10 s die Spannung. Wechsle zur anderen Hand.

Bizeps

Du beugst die Arme zu den Schultern, dabei werden die inneren Oberarmmuskeln (Beuger oder Bizepse) gespannt. Die Hände bleiben möglichst locker.

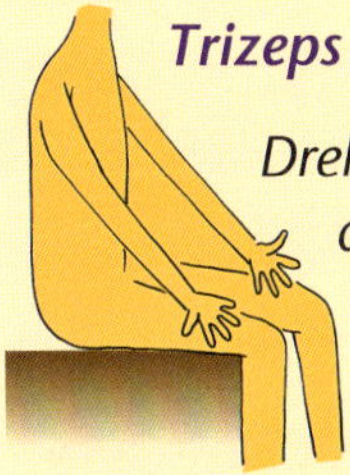

Trizeps

Drehe die Handinnenflächen nach oben und strecke die Arme. Drücke die Handrücken gegen deine Beine oder einen Tisch. Jetzt spürst du die Spannung im unteren Oberarm (Strecker oder Trizeps).

Schultern

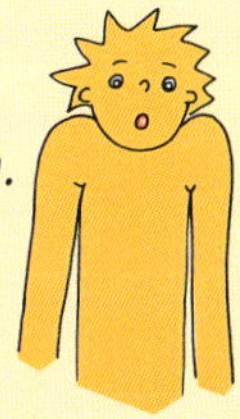

Ziehe die Schultern ganz hoch in Richtung Ohren. Dabei spürst du die Spannung in den Schultern.

Gesicht

Nun wird das Gesicht „zur Faust geballt"! Beiße die Zähne zusammen, kneife die Augen zu und spanne alle Muskeln zur fürchterlichen Grimasse an.

Rücken

Du spannst die Rückenmuskeln an, indem du die Schulterblätter nach hinten zusammenziehst.

Bauch

Den Bauch kannst du anspannen, indem du ihn einziehst oder fest herausdrückst.

Oberschenkel und Gesäß

Spanne fest das Gesäß und die Oberschenkel an.

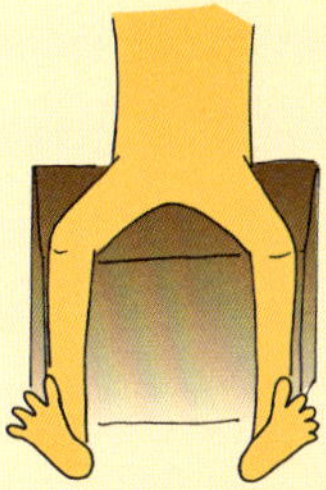

Unterschenkel

Du sitzt locker und ziehst die Zehenspitzen zum Gesicht. Gleichzeitig versuchen die Schienbein- und Wadenmuskeln, dagegen „anzukämpfen".

Bist du neugierig geworden? Haben wir dein Interesse geweckt, dann erfährst du alles über die genaue Ausführung der Übungen in speziellen Büchern zur progressiven Relaxation oder in Kursen.

Entspannung

Aufregung, Druck, Ablenkung, Anspannung – all dies hat nicht den besten Einfluss auf einen stabilen Anschlag.

Auf den vorhergehenden Seiten haben wir kurz **Yoga** und **progressive Muskelentspannung** vorgestellt. Natürlich gibt es noch viele andere Möglichkeiten, um dich auf die bevorstehende Aufgabe einzustellen. Probiere aus, was dir guttut und womit du am besten zurechtkommst. Frage deinen Trainer und erfahrene Sportler oder schaue in eines der vielen Fachbücher.

Selbstinstruktion

Bei dieser Methode der Selbstentspannung gibst du dir selbst Anweisungen, um dich zu entspannen. Mit formelhaften Sätzen wie: „Mein Bein wird ganz schwer!" oder: „Der Bauch wird weich und warm!", kannst du einzelne Körperteile beeinflussen.

Bewegung

Ein Spaziergang, leichtes Joggen, Radfahren oder Schwimmen machen den Kopf frei und die Muskeln locker. Denke an schöne Erlebnisse oder angenehme Dinge, um dich positiv auf den Wettkampf einzustimmen.

Musik und Gespräche

Angenehme, beruhigende Musik wirkt entspannend. Mit Kopfhörern kannst du dich leicht von der Außenwelt „abschirmen" und in deine eigene Welt „abtauchen". Auch angenehme Gespräche (keine Diskussionen oder Streitgespräche!) mit Freunden bringen dir die notwendige Gelassenheit.

Für ein erfolgreiches Wettkampfergebnis ist aber auch eine gewisse Anspannung notwendig! Übertreibe die Entspannung nicht, denn einer „Schlaftablette" fehlt der nötige Biss!

Selbstbewusstsein

Manche sagen: „Selbstvertrauen ist der halbe Sieg!“ So einfach ist das natürlich nicht, aber in diesem Spruch steckt schon einiges an Wahrheit. Der eine, der selbstbewusst, voller Freude und Begeisterung an eine Sache herangeht, an sich und sein Können glaubt, hat mehr Chancen auf Erfolg als der andere, der ängstlich ist und zweifelt. Du darfst aber nicht übermütig werden und vor lauter Selbstbewusstsein Fehler machen!

Welche der folgenden Eigenschaften und Einstellungen kannst du als Sportschütze gebrauchen und welche sind eher etwas hinderlich? Streiche durch, wovon du nicht so viel haben möchtest.

Selbstbewusstsein – Spaß am Training – Selbstzweifel – blinde Wut – Risikobereitschaft – Ungeduld – Lockerheit – Angst, einen Fehler zu machen – Ehrgeiz – Siegeswille – Vertrauen in die eigene Leistung – Furcht vorm Versagen – schlechte Laune – sich gut in Form fühlen – Aufmerksamkeit – Konzentration – Übermut.

Auch der beste Sportler verliert einmal

Wenn du mal zu unkonzentriert bist, die Kraft nicht reicht, die Treffer nicht ins erwartete Ziel kommen oder du in der Rangliste viel zu schlecht liegst, wirst du dich fragen, woran es lag. Vielleicht warst du nicht in Form, der Schießstand liegt dir nicht oder die Gegner waren besser als du. Sie haben schon länger trainiert und sind deshalb stärker. Dann ärgere dich nicht, sondern trainiere weiter, mache eine genaue Analyse und lege gemeinsam mit dem Trainer Maßnahmen für das weitere Training fest.

Halte die Maßnahmen, Ziele und Ergebnisse in deinem Trainingstagebuch fest!

Bist du aber der Meinung, es hätte mehr drin sein müssen, dann denke über die Gründe und Ursachen nach. Dabei hilft dir eine Übersicht, in der die Gründe für schlechte Leistungen und Maßnahmen fürs Training aufgeschrieben werden.

Womit war ich unzufrieden?	Was waren die Gründe?	Was will ich in nächster Zeit tun?
Schlecht in den Wettkampf gestartet	*Zu wenig Probeschüsse*	*Startphasentraining*
Schlechte Schüsse	*Abzugfehler*	*Abzugtraining*
Instabiler Anschlag	*Nullpunkt nicht O. K.*	*Einrichten und Nullpunktkontrolle*

Test

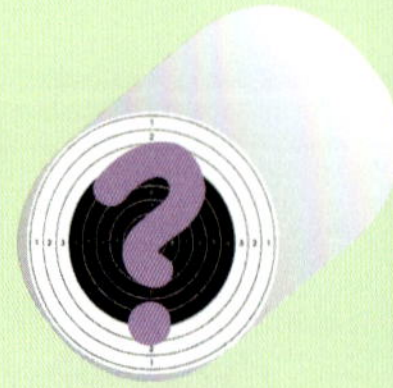

Wie würdest du in den folgenden Situationen reagieren?

Erste Situation: Du hast keine Lust, zum Training zu gehen.

A Du bleibst natürlich daheim, weil man sich ja zu nichts zwingen sollte. **1**

B Du gehst ziemlich lustlos zum Training, denn du willst ja deine Eltern nicht enttäuschen. **2**

C Du gehst wie immer zum Training, weil du durch Trainingsausfall wieder schlechter wirst. Vielleicht kommt die Lust ja, wenn du am Schießstand bist. **3**

Zweite Situation: Der Trainer kritisiert wiederholt, dass dein Abzugfinger am Griff seitlich anliegt.

A Es ist schon ärgerlich, dass ich es noch immer falsch mache. Aber ich bin froh, dass der Schuss überhaupt auf der Scheibe landet. **2**

B Der soll nicht immer so kleinlich sein. Das ist doch kein Schönheitswettbewerb. Noch ein Wort und ich gehe! **1**

C Gut, dass der Trainer immer zuschaut. So können sich erst gar nicht solche Fehler einschleichen. **3**

Dritte Situation: Der Gegner ist vor allem am Anfang stark.

A Du atmest ruhig, kontrollierst deinen Anschlag und konzentrierst dich auf deine Visierung. **3**

B Du denkst dir, was der Gegner macht, kann ich nicht beeinflussen – also konzentriere ich mich lieber auf mich selbst. **2**

C Du hast Angst, den Schuss zu „vermasseln“. Es ist ja schon vorprogrammiert, dass der Gegner dich nervös macht und du ein schlechtes Ergebnis haben wirst. **1**

Vierte Situation: Der Trainer hat letzte Woche gesagt, dass nicht du, sondern Tom für die Mannschaft aufgestellt wird.

A Du denkst dir, Pech gehabt, da war ich wohl nicht gut genug. **2**

B Du bist sauer, weil du mindestens genauso gut bist wie Tom. Hoffentlich klappt es bei ihm nicht und du kannst sagen: „Ich wäre besser gewesen!" **1**

C Du hilfst Tom und unterstützt ihn in allem, was er braucht. Im Training strengst du dich an, damit du das nächste Mal wieder aufgestellt wirst. **3**

Fünfte Situation: Der Schuss ging total daneben.

A Das ist ja logisch, ich war von der Lampe geblendet und konnte nichts sehen. **1**

B Das ist schon ziemlich ärgerlich, aber jetzt konzentriere ich mich schnell auf den nächsten Schuss. **3**

C Der Wettkampf ist bald zu Ende und meine Konzentration lässt nun langsam nach. **2**

Sechste Situation: Dein Standnachbar legt die Waffe im Training immer mit geschlossener Kammer ab.

A Du sprichst den Schützen sofort darauf an und erinnerst ihn an die wichtigen Sicherheitsvorschriften am Schießstand. **3**

B Du gehst zum Trainer und sagst ihm, was der andere Schütze falsch macht. **2**

C Du denkst dir: „Das geht mich nichts an!", und trainierst einfach in Ruhe weiter. **1**

Zähle deine Punkte zusammen! Die Auswertung findest du im Lösungsteil.

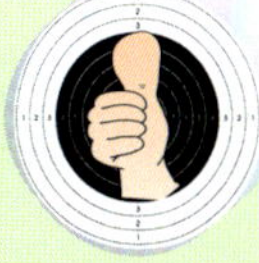

„Kopftraining" Prüfe deine Vorstellungskraft

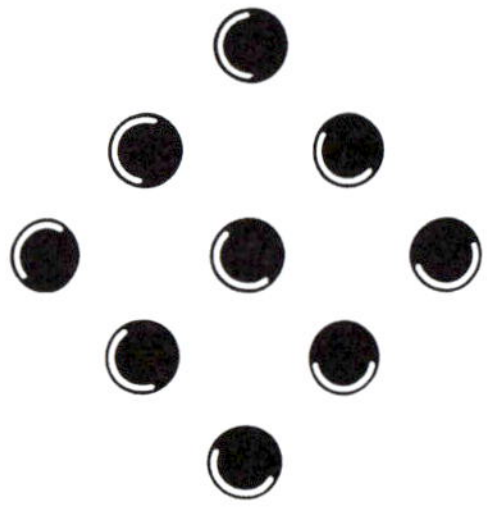

1 Verbindungen

Verbinde diese neun Punkte in einem Zug durch gerade, zusammenhängende Linien!

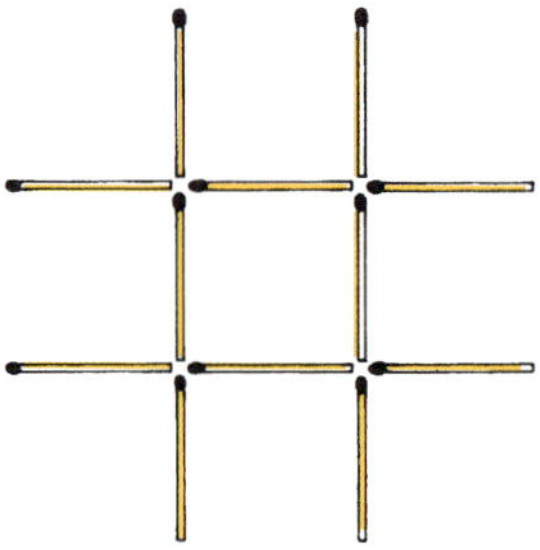

2 Streichhölzer

Durch Umlegen von nur drei Streichhölzern erhältst du drei gleich große Quadrate. Versuche es!

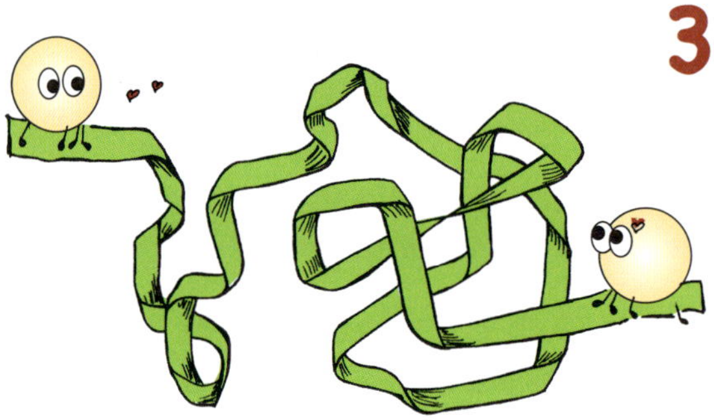

3 Laufband

Es war einmal ein verliebter Käfer, der auf einem Schleifenband entlanglief, um zu seiner Liebsten zu gelangen. Schafft er es oder wird er auf der Rückseite des Bandes ankommen?

4 Dreiecke

Schau dir die nebenstehende Zeichnung genau an. Wie viele Dreiecke kannst du entdecken?

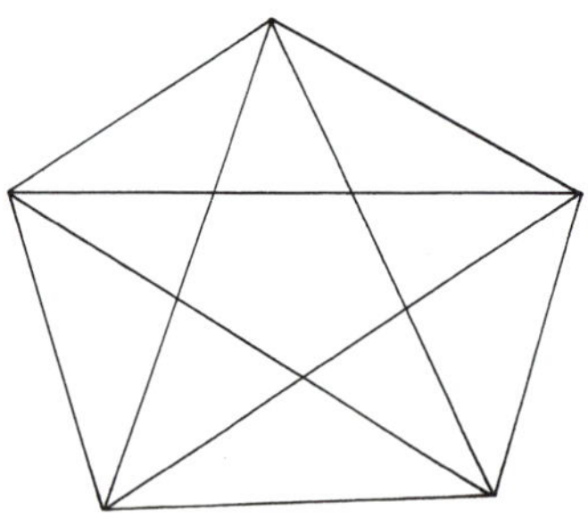

7 Technik

Immer, wenn man etwas Neues erlernen will, muss man sich mit den dazugehörigen, notwendigen Techniken vertraut machen. Zuerst werden die Grundlagen erlernt, dann darauf aufgebaut und durch viel Üben immer mehr perfektioniert. Es kommen auch Rückschläge und Fehler – aber daraus lernt man!

Auf diese Weise hast du das Laufen, Schreiben, Schwimmen und Radfahren usw. erlernt. Der Bewegungsablauf wurde dir erklärt, demonstriert und dein eigenes Üben unterstützt.

Wer als Sportschütze erfolgreich sein will, muss sich mit der Technik des Sportschießens beschäftigen. Dabei geht es um den korrekten Anschlag in den unterschiedlichen Stellungen, Zielen, Abziehen, Nachzielen und die Atmung. Auf viele Details musst du dabei achten.

Ein guter Sportschütze braucht viele Jahre, um die Techniken zu beherrschen. Sie werden immer mehr verbessert und variiert. Das geschieht auf jeden Fall durch regelmäßiges Training und in Wettkämpfen.

Im weiteren Training kommen immer neue Techniken hinzu und bekannte Techniken wirst du perfektionieren.

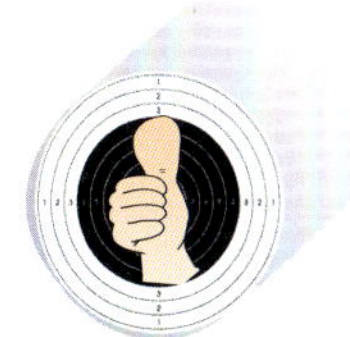

Bewegungen laufen automatisiert ab

Wenn du am Schießstand stehst, musst du dich auf deine Aufgaben konzentrieren, die Atmung kontrollieren und den Ablauf planen. Da hast du keine Zeit, dir noch zu überlegen, wie die Armhaltung und die Beinstellung ist.

Die Techniken müssen so lange geübt werden, bis sie immer perfekt klappen. Auf vielfältige Art wirst du im Training die Techniken und die Bewegungsabläufe immer wieder üben – so lange, bis du nicht mehr an jeden einzelnen Schritt denken musst. Die Stellung der Füße und die Haltung der Arme hast du dann im Gefühl.

Das Techniktraining

Wenn du eine neue Technik erlernst, erfolgt ihre Einführung meistens mit einer Erklärung und der Demonstration durch den Trainer. Er erläutert dir den Bewegungsablauf, sagt, worauf du besonders achten und welche Fehler du vermeiden musst.

Wie auch in der Schule, gibt es im Sportschießen für das Lernen verschiedene Methoden. So, wie die Menschen unterschiedlich sind, haben sie auch verschiedene Lernwege, sich etwas Neues einzuprägen. Der Trainer wird auf die verschiedenen Lerntypen eingehen und das Neue mit unterschiedlichen Methoden einführen. Oft ist es eine Mischung aus verschiedenen Lernwegen, die den Erfolg bringt.

Damit das Lernen erfolgreich ist, musst du Interesse daran haben und lernen wollen!

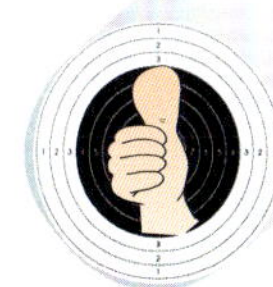

Lernwege

- ☐ Der Trainer erklärt die neue Technik.
- ☐ Der Trainer oder ein anderer Schütze macht die Technik vor.
- ☐ Die neue Technik wird auf Zeichnungen oder Bildreihen gezeigt.
- ☐ Mögliche Fehler werden mithilfe von Fehlerbildern besprochen.
- ☐ Es werden Videos angeschaut.
- ☐ Der Trainer lässt sich die neue Technik von den Sportlern beschreiben und erklären.
- ☐ Die Sportler fertigen Skizzen an.
- ☐ Die neue Technik wird selbst ausprobiert.
- ☐ Die Technik wird mit Korrekturen und Hinweisen, die der Trainer gibt, ausgeführt.
- ☐ Die Technik wird mit Korrekturen und Hinweisen durch deine Trainingskameraden ausgeführt.
- ☐ Die Sportschützen machen Übungen ohne Waffe.

Was bist du für ein Lerntyp? Kreuze die Trainingsmethoden an, die dir beim Erlernen einer neuen Technik am besten helfen. Probiere aus, welcher Weg für dich optimal ist!

Durchhalten bringt Erfolg

Natürlich bist du neugierig und es macht viel Spaß, eine neue Technik zu erlernen und auszuprobieren. Die Bewegungen sind am Anfang meist sehr ungenau, du achtest auf den Winkel der Füße und schaust nur, ob Arme und Beine alles richtig machen. Schnell merkst du die Fortschritte. Deine Bewegungen werden immer sicherer und schneller.

Doch langsam wird dir die Überei langweilig. Du spürst keine deutlichen Leistungsverbesserungen mehr und der Reiz des Neuen ist ebenfalls weg. Du denkst, es geht doch schon ganz gut mit dieser neuen Technik, wozu eigentlich noch weiterhin üben? Nun kommt der Zeitpunkt, an dem du vielleicht keine Lust mehr hast. Jetzt heißt es „durchhalten!", sonst verlernst du wieder einiges und das ganze Üben zuvor war umsonst! Also, denke an das, was du dir vorgenommen hast und überwinde diesen „inneren Schweinehund"!

Weg zur Leistungssteigerung

Nach schnellen Fortschritten kommen auch viele Trainingstage, an denen du das Gefühl hast, dass sich gar nichts tut. Es ist wichtig, zu wissen, dass diese Stufe kommt. Auf dem langen Weg zur perfekten Technik gibt es immer Etappen des schnellen Vorwärtskommens und auch Etappen der mühsamen Schinderei. Wenn du also denkst, besser geht es nicht, das ist schon meine Leistungsgrenze und weiteres Üben ist zwecklos, dann mache weiter und du erlebst, dass es doch noch besser geht.

In diesem scheinbaren Stillstand bereitet sich dein Körper auf die nächste Stufe der Leistungsentwicklung vor. Er wird sozusagen innerlich auf die nächste Stufe umprogrammiert. Also, lasse dich von einem scheinbaren Stillstand nicht zur Verzweiflung bringen. Das sind notwendige Durchgangsstadien. Hier heißt es: Durchhalten!

Manche Techniken erlernst du relativ schnell. Für andere braucht man viele, viele Trainingsstunden, sogar Jahre. Glaube an dich, beharrliches und ausdauerndes Üben lohnt sich!

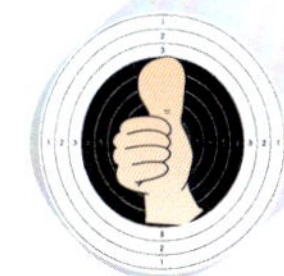

Tipps für das Techniktraining

- Aufmerksam zuhören und zuschauen, wenn die Technik erklärt, mit Bildern gezeigt und demonstriert wird!
- Die Technik noch einmal gedanklich nachvollziehen und sich mit geschlossenen Augen den Ablauf der Bewegung intensiv vorstellen.
- Die Technik viele, viele Male und in unterschiedlichen Situationen im Training üben. Nach jeder Wiederholung sich selbst kontrollieren oder von anderen feststellen lassen, was noch verbessert werden muss.
- In Ruhe die Abbildungen ansehen und die Beschreibungen genau durchgehen und mit den eigenen Bewegungen vergleichen.
- Es hilft, wenn man die Technik einem anderen beschreiben, erklären und zeigen kann. Kontrolliert und helft euch gegenseitig!

Am Ende sollte die Technik schnell, genau und fast automatisch ausgeführt werden. Durch die vielen Wiederholungen werden dazu die Abläufe in deinem Gehirn „programmiert" und abgespeichert.

Wenn du dich im Training nicht anstrengst, unkonzentriert und ungenau arbeitest, dann werden die falschen Abläufe gespeichert. Wenn etwas Falsches automatisiert wurde, musst du es dir später mit viel Mühe wieder abgewöhnen und umlernen. Umlernen ist schwerer als Neulernen!

Kontrollieren – Bewerten – Verbessern

Nichts Falsches lernen und automatisieren! Deshalb ist es notwendig, dass du den Ablauf einer neuen Technik kontrollierst, die Fehler erkennst und die Bewegung zunehmend genauer ausführst. So entwickelst du aus der Grobkoordination eine Feinkoordination. Wie schnell das geht, hängt auch von deinen Zielen und deiner Motivation ab.

Auf dem Weg zur perfekten Technik erreichst du viele Teilziele und jeder kleine Fehler wird beachtet und korrigiert. Die Bewertung durch den Trainer ist am besten, da er über das Sportschießen am besten Bescheid weiß.

Der Muskelsinn

Oft wird gesagt, dass man seine *fünf Sinne* benutzen soll, wenn man etwas Neues erlernt. Es ist damit gemeint: höre gut zu, sieh genau hin, erfühle es, rieche daran und probiere, wie es schmeckt. Bestimmt hast du auch schon bemerkt, dass nicht immer alle Sinne gleichzeitig und gleich stark zum Einsatz kommen.

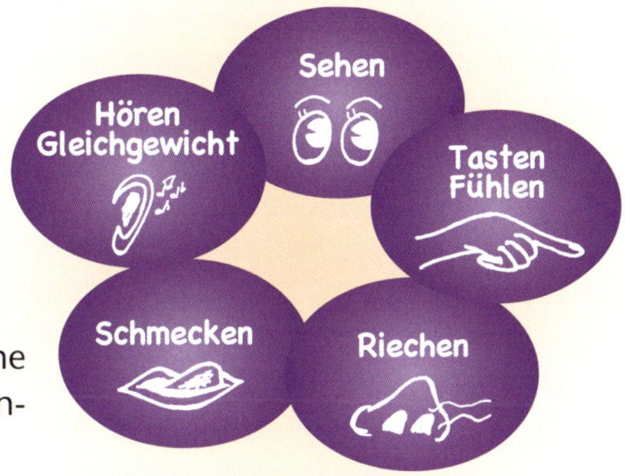

Sinne, die für das Sportschießen wichtig sind

Schmecken kann man sicher beim Sportschießen nicht. Das Riechen ist eher ein Nebeneffekt, wenn es am Schießstand nach Öl, verschossener Munition riecht oder viele Sportler am Schießstand sind. Dass man beim Schießen das Sehen benötigt, muss wohl nicht weiter erklärt werden. Aber Hören muss man beim Wettkampf auch: den Rhythmus der Schüsse und das Einschlagen der Treffer. Zum Sinnesorgan Ohr zählt jedoch auch der Gleichgewichtssinn. Den brauchst du, um die Balance zu halten.

Manche Leute sprechen sogar noch von einem sechsten Sinn. Die Sportschützen brauchen auch so einen sechsten Sinn für das Muskel- oder Bewegungsgefühl. Wir nennen ihn einfach **Muskelsinn**. Dieser ist für das Erlernen und Beherrschen der Technik im Sportschießen sehr wichtig. Am Schießstand richtest du dich ein, visierst die Scheibe an und kontrollierst deine Atmung. Die richtige Fußstellung, die Höhe der Arme, die Kopfhaltung musst du „im Gefühl" haben. Ohne hinzusehen, spürst du die Lage deines Körpers. Dazu kommt die Zeigefingerempfindlichkeit für das Vorzugnehmen und den Abzug.

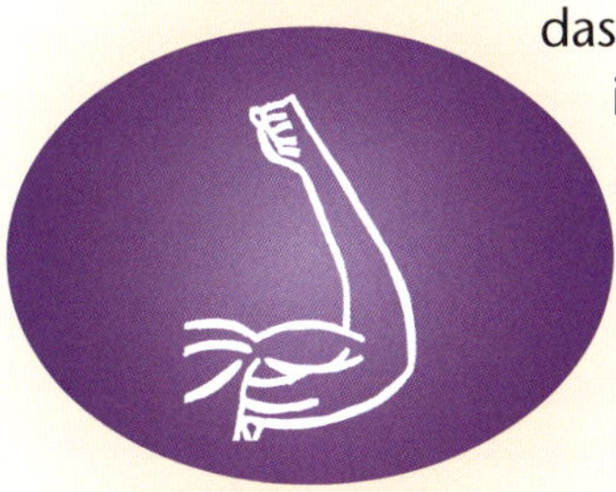

Dieses „Gefühl" wird im Training erst durch fleißiges Üben erreicht.

Sensibilisierungsprogramm

Trockenübungen

- *Anschlagübungen ohne Waffe.*
- *Anschlagübungen auf realer Scheibenhöhe.*

Trockentraining

- *Training eines realen Ablaufs mit Waffe und Trockenschuss auf reale Scheibenhöhe.*

Kombiniertes Training am Stand

- *Ein Schuss trocken (Vorbereitung „idealer" Schuss).*
- *Ein Schuss scharf (realer Schuss).*
- *Ein Schuss mental (Nachbereitung „idealer" Schuss).*

Gleichgewichtsübungen

- *Trockentraining und scharfes Training auf verschiedenen Böden, Luftkissen, Matten u. Ä.*

Üben mit Störung

„Bitte alle mal ruhig, ich muss mich konzentrieren!" – Na, das klappt wohl höchstens im Training. Im Wettkampf wird darauf niemand Rücksicht nehmen. Da knallt eine Tür, es fällt etwas zu Boden oder der Nachbar führt Selbstgespräche. Wie soll man sich jetzt konzentrieren? Das geht schon, wenn du diese Störungen bewusst trainierst. Auch im Training lässt du Störungen zu und baust sie sogar mit Absicht ein!

Der Trainer oder die Trainingskameraden stehen neben dir und unterhalten sich, fuchteln mit den Händen oder machen plötzliche laute Geräusche. Du aber versuchst, dich davon nicht beeinflussen zu lassen!

Wir haben einen Verein kennengelernt, der seine berühmte Kuhglocke hat. Die kann so laut klingen, dass der Schütze wirklich all seine Konzentrationstechniken einsetzen muss.

Du wirst immer souveräner mit Störungen umgehen und dich immer weniger davon beeinträchtigen lassen!

Heute schon gelacht?

„Unser Trainer hat wirklich ein schlimmes Gedächtnis!"
„Wieso, vergisst er alles?"
„Im Gegenteil, er vergisst überhaupt nichts!"

Tom zu Tine: „Du hast ja einen blauen und einen gelben Schuh an!"
– „Ja, das finde ich auch komisch. Zu Hause habe ich noch solch ein Paar!"

Der Trainer ist enttäuscht: „Dein Schießergebnis lässt heute zu wünschen übrig!"
Darauf Tine: „Na, dann wünsche ich mir ein großes Eis!"

„Was würdest du machen, wenn du so viele Ringe schießt wie ich?"
„Auf jeden Fall zusätzliches Training!"

Zwei Frösche sitzen am Teich. Macht der eine: „Quack!"
Meint der andere: „Das wollte ich auch gerade sagen!"

. . . . . 8 Gewehrschießen

Das Gewehrschießen gehört nach der Erfindung des Schießpulvers zu einer der ältesten Waffengattungen. Allerdings haben die heute verwendeten Hightechsportgeräte kaum noch eine Ähnlichkeit mit den ersten Vorderladermodellen. Vom Gewehrschießen geht eine Faszination aus, die den größten Teil der Sportschützen in Deutschland betrifft.

Zu den olympischen Gewehrdisziplinen gehören:

	Männer	Frauen
Luftgewehr	60 Schuss	40 Schuss
Dreistellung	3 x 40 Schuss	3 x 20 Schuss
	Freigewehr	Sportgewehr
KK-Liegendkampf	60 Schuss	–

In der Sportordnung des DSB findest du alle Wettkampfprogramme der verschiedenen Altersklassen. Bis zu den deutschen Meisterschaften gelten die darin festgeschriebenen nationalen Regeln. Internationale Wettkämpfe werden nach den Regeln der ISSF (internationaler Dachverband) durchgeführt.

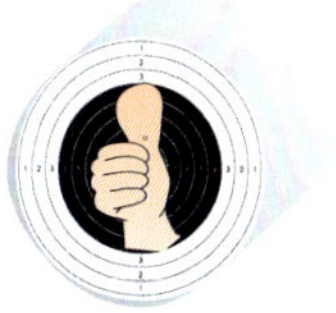

Stehendanschlag

Die Körperhaltung beim Stehendschießen ist eigentlich ein ziemlich wackeliges Gebilde, denn der aufrechte, schmale Körper steht auf einer recht kleinen Unterstützungsfläche. Das führt automatisch zu Schwankungen. Das Stehendschießen erfordert daher einen präzise arbeitenden Lage- und Stellsinn und einen sehr gut ausgebildeten Gleichgewichtssinn.

Anschlagaufbau

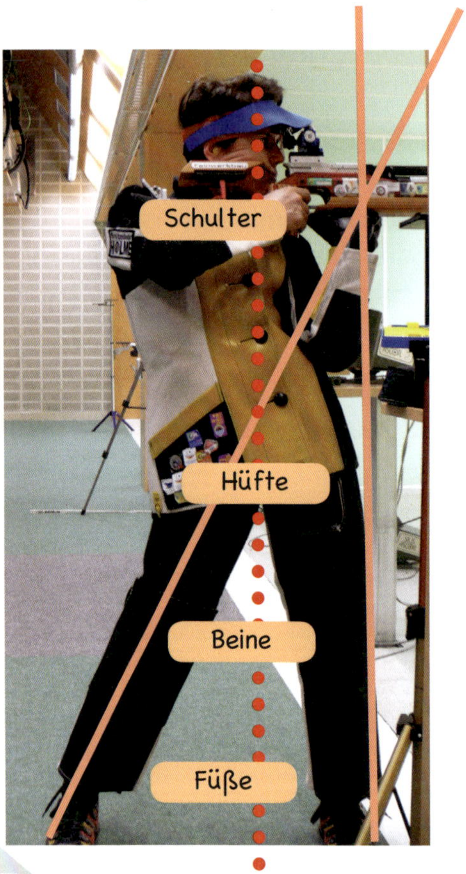

Der Stehendanschlag wird von unten nach oben aufgebaut.

- Die Füße stehen parallel zueinander und bilden das Fundament.
- Darauf werden Beine, Hüfte, Schulter, Arme und Kopf in der jeweils richtigen Position aufgebaut.
- Durch eine gute Stellung zueinander und die koordinierte Muskeltätigkeit wird der Anschlag fixiert.

Damit du das Gewicht der Waffe gut ausbalancieren kannst, liegt dein Körperschwerpunkt im vorderen Drittel auf der Strecke zwischen deinen beiden Füßen!

Knotenpunkte

Für die richtige Position der Waffe sind unter anderem noch die **vier Kontaktpunkte** verantwortlich, die du zusätzlich für die Einrichtung deines sauberen Nullpunkts auf der Scheibe benötigst:

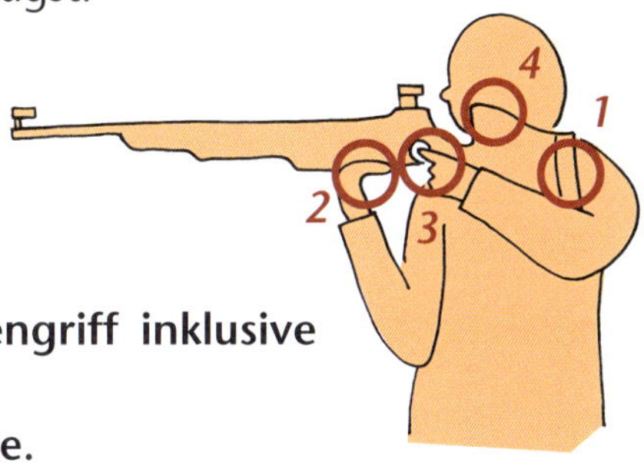

1 **Einsetzpunkt der Schaftkappe in der Schulter,**
2 **Position der Stützhand unter dem Vorderschaft,**
3 **Position der Abzughand am Pistolengriff inklusive des Abzugfingers am Abzugzüngel,**
4 **Position des Kopfs an der Schaftbacke.**

Fußstellung

Die Füße bilden das „Fundament" deines Anschlags.

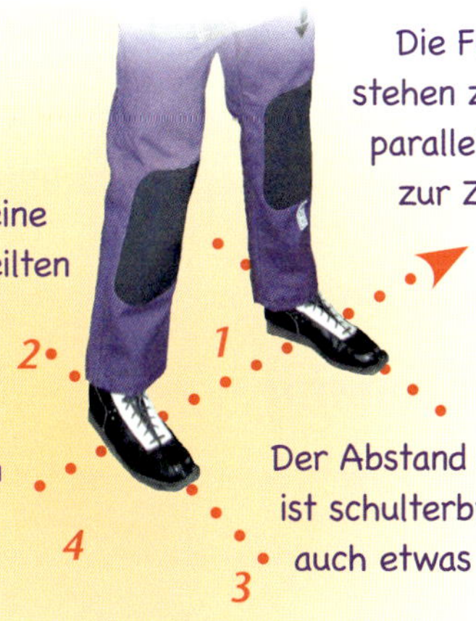

1 *Kleinere Schützen wählen oft eine etwas breitere Fußstellung.*
2 *Um den Anschlag nach hinten abzustützen und um ein Eindrehen der Hüfte zu vermeiden, kann das hintere Bein leicht zurückgestellt werden.*
3 *Durch leichtes Eindrehen der Fußspitzen nach innen stehst du stabiler.*
4 *Der rechte Fuß (bei Rechtsschützen) bestimmt u. a. die Höhe des Nullpunkts:*
- *Bei Verringerung des Fußabstands – Nullpunkt nach unten.*
- *Bei Vergrößerung des Fußabstands – Nullpunkt nach oben.*

Beinstellung

Deine Beine sind gestreckt, die Knie sind jedoch nicht ganz durchgedrückt. Das vordere Bein steht etwas steiler als das hintere Bein.

Hüftstellung

Die Hüfte wird parallel zur Schusslinie gebracht und nach vorn in Richtung Ziel geschoben. So entsteht eine senkrechte Säule, auf der sich Stützarm und Waffe gut aufbauen lassen.

Oberkörper

Dein Oberkörper ist leicht zurückgelehnt und durch die entspannende Bauchatmung „sackst" du in eine tiefe Haltung. Alle beteiligten Wirbel und Knochen bilden eine stabile Einheit.

Achte darauf, dass du im Anschlag eine relativ entspannte Beinhaltung hast, ohne dass sich dabei deine fixierte Hüftposition auflöst!

Schulterstellung

Die rechte Schulter ist entspannt und hält die Schaftkappe passiv in der richtigen Position.

Die linke Schulter ist ebenfalls entspannt und liegt aufgrund der Arbeit des Stützarms etwas tiefer als die Schaftschulter.

Stützarm

- Das Gewicht des Gewehrs ruht auf dem Stützarm.
- Du setzt den Ellbogen möglichst am Hüft- oder Beckenknochen auf.
- Von vorn betrachtet, liegen Waffe, Ellbogen, Hüfte, Knie und Fuß auf einer senkrechten Linie.
- Für einen günstigen Winkel von Ober- und Unterarm darfst du nicht zu nah am Abzug, aber auch nicht zu weit am Vorderschaft greifen. Die Waffe muss ausbalanciert sein.

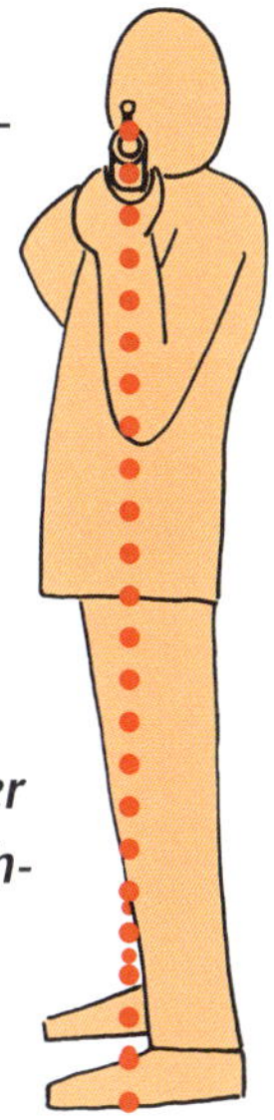

Ist der größere Teil des Gewichts der Waffe vor der Stützhand, kann es zu Verspannungen und Zittern führen. Das beeinflusst den Schuss negativ.

Stützhand

Du kannst die Waffe unter dem Vorderschaft auf der Handfläche, in der Gabel zwischen Daumen und Zeigefinger oder auf deiner geballten Faust ablegen. In der Praxis gibt es viele Varianten zu beobachten. Wichtig ist, dass du eine Handposition für dich findest, mit der du ein Visierbild auf Höhe des Scheibenspiegels herstellen kannst! Gut sind Positionen mit geradem Handgelenk.

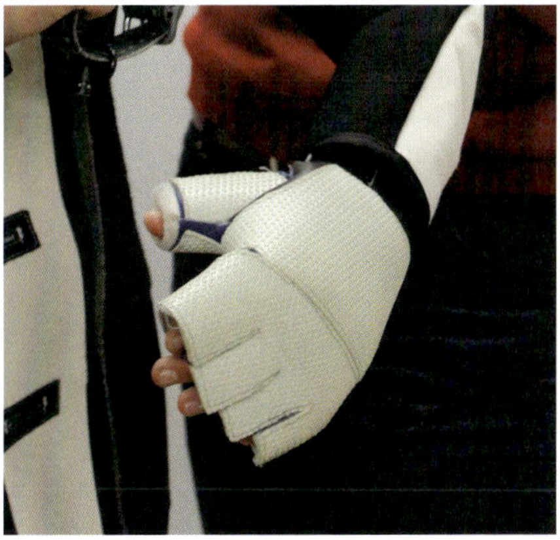

Besorge dir einen gut sitzenden Schießhandschuh, der deinem Handgelenk und deinen Fingern beim Stützen Halt gibt!

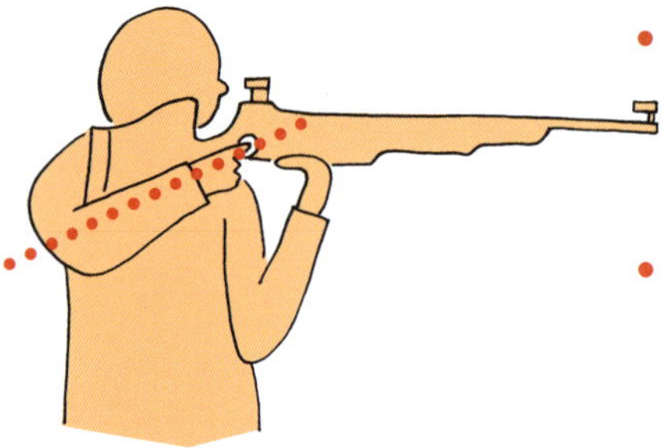

Abzughand

- Die Abzughand umfasst den Pistolengriff kräftig, sodass die drei Punkte Stützhand, Schulter und Abzughand eine feste Verbindung bilden.
- Der Abzugarm fällt in Verlängerung des geraden Handgelenks zum Ellbogen hin ab, jedoch nur so weit, wie der Kontakt von Schaft und Schulter erhalten bleibt.

Einsetzen der Waffe

Setze das Gewehr mit der Schaftkappe in deiner Schulterbeuge ein und fasse noch einmal am Pistolengriff nach, bis du das Gewehr in deiner Schulter fest verankert fühlst. Bei richtiger Schaftlänge und richtiger Position der Kappe ergibt sich der notwendige Druck zwischen Schulter und Schaft wie von selbst.

Bei passender Schaftlänge ergibt sich der richtige Druck in die Schulter von selbst.

Schaftkappe und Schulterbeuge haben eine feste Verbindung.

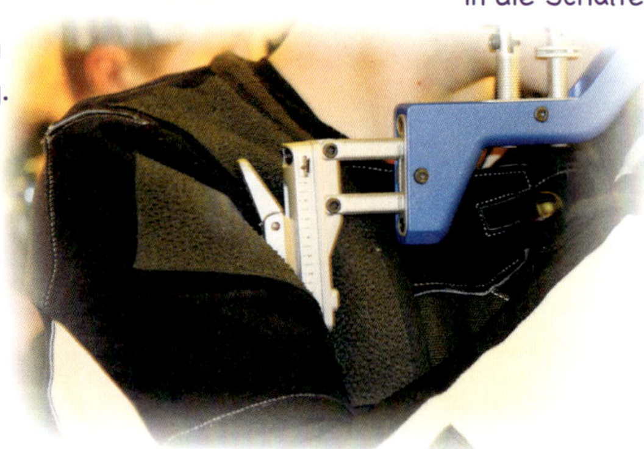

Die Schaftkappe liegt mit ihrer ganzen Länge in der Schulterbeuge.

Rutscht dir die Schaftkappe beim Schießen immer wieder aus der Schulterbeuge, dann hältst du entweder den Ellbogen zu tief oder du setzt die Schaftkappe nicht eng genug in der Schulterbeuge, sondern auf dem Oberarm ein!

Auflegen des Kopfs

Der vierte Kontaktpunkt des Schützen mit der Waffe ist der Kopf. Die Lage des Kopfs hat für das Gleichgewichtssystem eine wichtige Bedeutung. Am besten funktioniert es natürlich mit aufrechter Kopfhaltung.

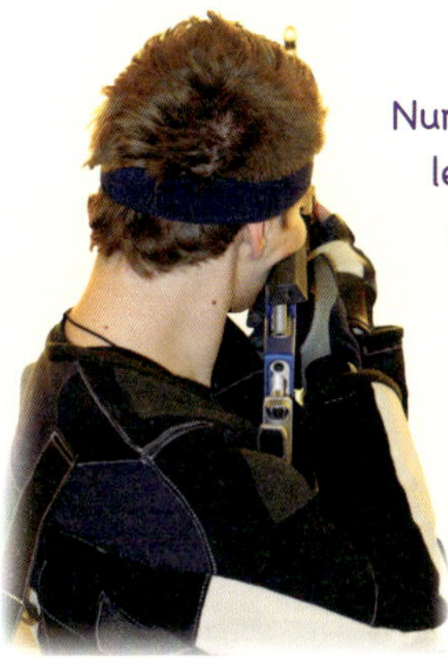

Das Gewehr wird zum Kopf hin ganz leicht verkantet.

Nur mit seinem Eigengewicht legst du deinen Kopf auf dem Schaftrücken ab.

Dein Auge sieht mittig durch den Diopter.

Deine Hals- und Nackenmuskulatur ist relativ entspannt.

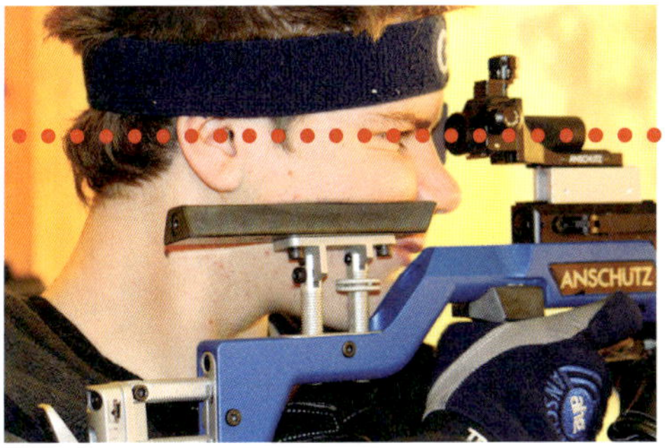

- Du legst die Wange an die Schaftbacke.
- Nicht der Kopf geht zum Gewehr, sondern das Gewehr geht zum Kopf!
- Du stellst die Schaftbacke so ein, dass Ohr, Auge und Visierung auf einer Visierlinie liegen. So ist ein zentriertes Sehen möglich.

Mit dem Auflegen des Kopfs ist der Aufbau des Gleichgewichtssystems abgeschlossen. Im Laufe des Trainings wirst du selbst die beste Haltung für dich finden – und erfühlen! Denke an den „Muskelsinn" (siehe S. 85)!

Nullpunkt

- Richte deine Hüftachse parallel zur Schussachse senkrecht auf die Scheibenmitte aus.
- Nach Einnahme der Fußstellung und dem Einsetzen der Waffe führst du noch eine leichte Korrektur deiner Position aus.
- Du korrgierst mit einer minimalen Drehung des gesamten Systems.
- Nun legst du deine Wange mit geschlossenen Augen ein weiteres Mal auf der Schaftbacke ab und kontrollierst dein Zielbild. Kannst du durch alle Visiereinrichtungen hindurch den Spiegel zentrisch sehen, hast du den Nullpunkt erreicht.

Jede kleine Veränderung an der Fußstellung oder Hüftstellung verändert dein Zielbild. Achte deshalb beim Einrichten auf einen „sauberen" Nullpunkt!

Innerer Anschlag

Sicher hast du im Training bei den Erwachsenen schon einmal den Begriff *innerer Anschlag* gehört. Darunter wird die Muskelspannung des gesamten Körpers verstanden. Einige Muskeln sind vollkommen locker und andere hingegen müssen große Kraftarbeit leisten. Die ideale Spannung beim Anschlag und beim Schuss ist immer gleich – gleichgültig, ob du im Wettkampf topfit, hoch konzentriert, nervös oder schon etwas abgeschlafft bist.

Schließe nach dem Einsetzen des Gewehrs die Augen und atme ganz bewusst. So kannst du dich am besten auf dein Inneres konzentrieren.

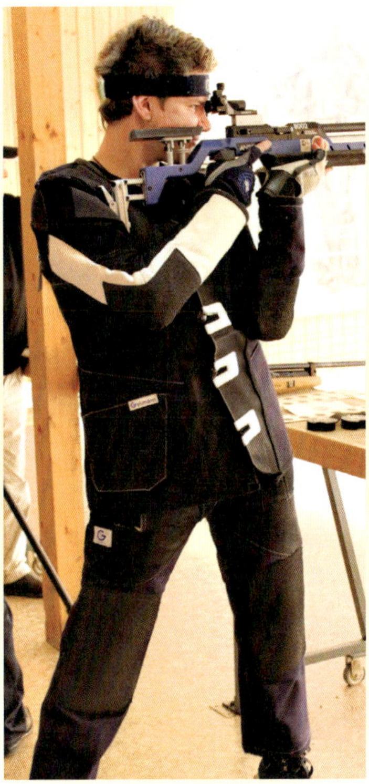

Der Kopf senkt sich auf den Schaft.

Die Schultern sind entspannt.

Spannung im Rücken.

Die Beine sind entspannt.

Die Abzughand greift fest zu.

Der Abzugarm ist entspannt.

Der Abzugfinger ist locker und beweglich.

Der Stützarm trägt das Gewicht der Waffe.

Die Füße tragen das Körpergewicht. Es wird auf Zehen und Fersen verteilt.

Mache doch mal im Stehendanschlag eine „Reise durch den Körper" und merke dir von unten nach oben hin genau, was sich gerade gut und was sich für dich eher falsch anfühlt. Sprich mit deinem Trainer darüber!

Liegendanschlag

Der Liegendanschlag ist die erste Disziplin im Dreistellungskampf sowie eine eigenständige Disziplin in der Einzel- und auch in der Mannschaftswertung. Im Liegendanschlag lassen sich sehr hohe Ringzahlen erreichen, weil:

- du durch die große Auflagefläche eine hohe Stabilität im Anschlag hast,
- der Körperschwerpunkt sehr niedrig ist und
- du im Anschlag entspannter sein kannst, da das Gewicht der Waffe zum Teil durch den Schießriemen getragen wird.

Um erfolgreich zu sein, musst du entspannt liegen! Ein Nachstellen von Technikabbildungen lässt dich nur verkrampfen. Nimm unsere Hinweise als Richtlinie und finde deine eigene Position!

Körper

Die Körperlage sollte zwischen 0° und 30° zur Schussrichtung betragen. Dabei ist die Schulterachse möglichst parallel zur Scheibe. Die Position der Schulterachse veränderst du durch die Lage des rechten Arms.

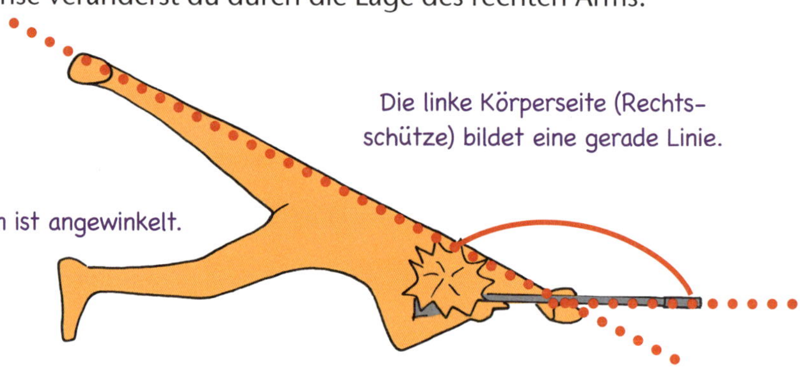

Beine

Beim Liegendanschlag hast du zwei Möglichkeiten für die Lage des rechten Beins (Rechtsschütze):

- Ein **gestrecktes Bein** ergibt eine tiefere Lage des Körpers.
- Bei **angewinkeltem Bein** wird der Kontakt zwischen Schulter und Waffe verstärkt.

Stützhand

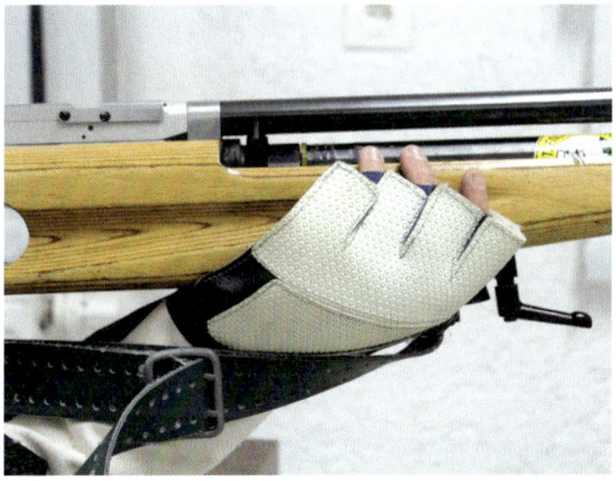

- Deine linke Hand solltest du so unter den Schaft bringen, dass er über den Ballen des Daumens läuft.
- Um Verspannung und Instabilität zu vermeiden, sollte der Schaft nicht zu weit in der Handfläche liegen.
- Deine Finger bleiben locker geöffnet.

Handstopp

- Genau zwischen Daumen und Zeigefinger liegt deine Hand am Handstopp an.
- Der Schießriemen verläuft über deinen Handrücken.
- Die Position der Hand am Schaft hängt von deiner Armlänge ab.

Du kannst den Druck der Schaftkappe auf die Schulter verstärken, indem du den Handstopp am Vorderschaft weiter nach vorn schiebst, den Riemen höher am Oberarm befestigst oder verkürzt. Aber, Vorsicht: Ist der Handstopp zu weit vorn, kann es zu seitlichen Fehlschüssen kommen bzw. die richtige Position der Schulter geht verloren.

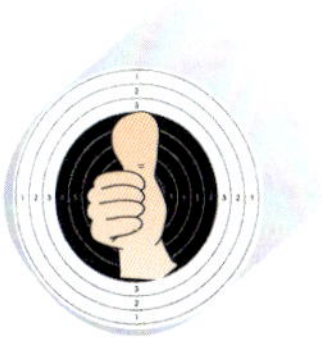

Einsetzen der Waffe

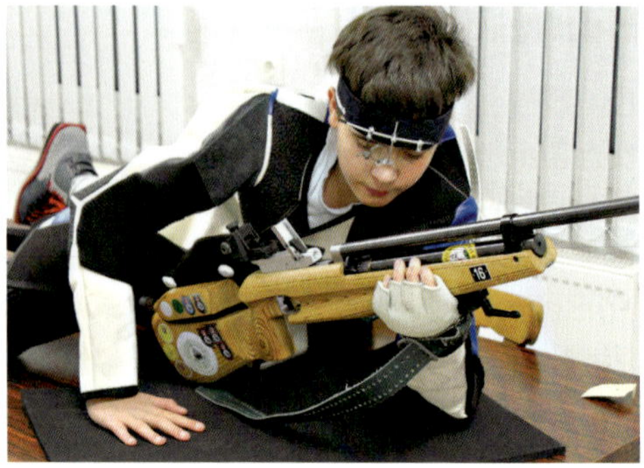

Du solltest die Waffe möglichst weit innen, nahe am Hals, neben dem Schlüsselbein einsetzen. Somit gelingt es dir, den Kopf relativ gerade zu halten, ein Rückstoß trifft mehr die Körpermitte und ein seitliches Abweichen der Waffe im Schuss kann reduziert werden.

Die Schaftkappe muss mit der ganzen Länge fest an deiner Schulter anliegen. Der Druck auf die Schulter soll mindestens so groß sein wie der Druck am Handstopp.

Abzugarm

Der Abzugarm hat die Funktion einer Stütze und muss einen technisch einwandfreien Schuss gewährleisten.

Kontolliere deinen Anschlag, indem du die rechte Hand ganz leicht vom Griff löst. Zeigt die Waffe weiterhin auf das Scheibenzentrum?

Kopfhaltung

Durch die besondere Lage des Kopfs übt die Wange immer einen gewissen Druck auf die Schaftbacke und damit auf die Waffe aus. Daher ist ein immer gleichmäßiger Druck beim Schuss besonders wichtig.

Für einen optimalen und gleichmäßigen Druck der Wange muss die Schaftbacke für den Schützen exakt eingestellt sein.

Nullstellung

Nach dem Anschlagaufbau und der anschließenden völligen Entspannung der Arme und der rechten Schulter muss die Waffe genau auf das Zentrum der Scheibe zeigen.

Abfolge des Einrichtens

1 ***Mit dem Ablegen des Abzugarms auf der Unterlage wird das System Körper-Waffe fixiert.***
2 ***Mit geschlossenen Augen gehst du in den Anschlag und entspannst die Muskeln.***
3 ***Du öffnest die Augen und kontrollierst die Abweichung vom Scheibenzentrum.***

Korrektur bei Seitenabweichung

- Bei *geringer Abweichung* lässt du den Stützellbogen liegen und verschiebst den Abzugellbogen entsprechend.
- Bei *starker Abweichung* löst du den Anschlag auf und korrigierst den Lagewinkel deines Körpers.

Korrektur bei Höhenabweichung

- Verschieben des Oberkörpers.
- Verstellen der Schaftkappe.
- Ändern der Riemenlänge.
- Verschieben des Handstopps.

Kniendanschlag

Diese Disziplin im Gewehrschießen ist recht schwierig und wird meistens erst später erlernt. Der Schütze braucht einen optimalen Gleichgewichtssinn und eine gute Atemtechnik.

Grundposition

Der Schütze hat in der Grundposition drei Auflagepunkte. Die gedachte Linie von rechter Fußspitze zum Knie hat etwa einen Winkel von 40°-90° zur Schussrichtung.

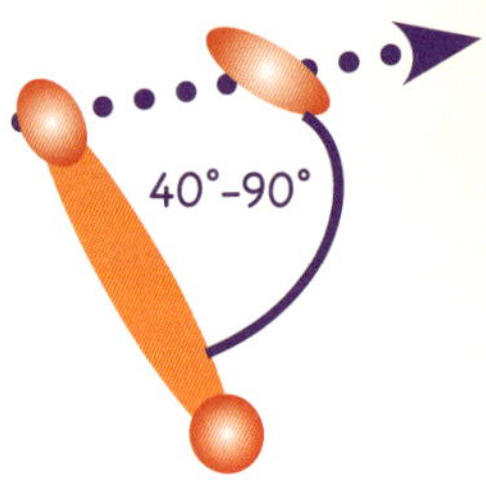

Sitz auf der Kniendrolle

Für einen erfolgreichen Kniendanschlag ist eine stabile Lage des rechten Beins und Fußes unbedingt wichtig.

- Du setzt die Oberseite deines rechten Fußes im rechten Winkel zur Kniendrolle auf, sodass die Fußspitze und das Knie fest auf der Unterlage aufliegen.
- Du verschiebst die Rolle so, dass auf dem Fuß mehr Belastung ist als auf dem Knie.
- Die Fußspitze des rechten Fußes wird leicht nach hinten ausgestellt.
- Nun kannst du dich mit der Gesäßmitte auf den Absatz setzen.

Die Kniendrolle ermöglicht dir beim Kniendanschlag eine stabilere und angenehmere Position. Die Kniendrolle ist zylindrisch, höchstens 25 cm lang, hat einen maximalen Durchmesser von 18 cm und ist mit PVC-Granulat, Reis, Getreide oder Grassamen gefüllt. Das Abbinden mit Schnüren oder Riemen ist nicht erlaubt.

Da von einer festen Auflage der Fußspitze die Stabilität des gesamten Anschlags abhängt, solltest du einen speziellen Schießschuh mit steifer Sohle tragen.

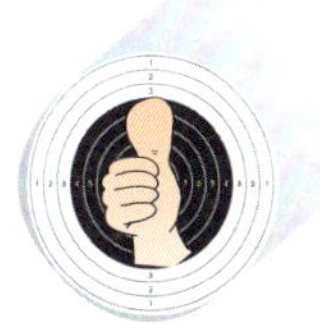

Stützbein

Das Stützbein bildet den Unterbau für den Stützarm und ist damit für die gesamte Stabilität verantwortlich. Es muss das Gewicht von Oberkörper und Gewehr ausbalanciert tragen und darf dabei nicht verspannen. Die günstigste Position deines Stützbeins musst du selbst durch Probieren und millimeterweises Korrigieren ermitteln.

Auswirkung verschiedener Beinstellungen

- **Leichtes (bei Schützen mit langen Beinen sogar sehr weites) Vorstellen des Stützbeins in Schussrichtung:** *(siehe Foto!)*
  Die Druckbelastung auf den Unterschenkel wirkt schräg nach vorn, wodurch das Gewicht der Waffe und der Oberkörper leichter ausbalanciert werden können.
  (Empfehlenswert!)

- **Senkrechtes Stellen des Unterschenkels oder sogar ein Zurückstellen hinter die Senkrechte:**
  Der Anschlag neigt dazu, nach vorn zu kippen.

- **Verdrehen des Fußes nach innen:**
  Erhöhung der seitlichen Stabilität des Unterschenkels.

Oberkörper

Beim **aufrechten Kniendanschlag** befindet sich der Oberkörper in fast aufrechter Position. Dabei liegt das Hauptgewicht auf dem rechten Bein, der Ferse und der Kniendrolle. Die **Vorteile** dieser Haltung sind, dass du eine lockere Kopfhaltung hast, die Schultern sind entspannt sowie der Stützarm und das Stützbein sind entlastet. Die **Nachteile** sind der hohe Körperschwerpunkt und der geringere Widerstand beim Rückstoß.

Beim **vorgeschobenen Kniendanschlag** ist der Oberkörper nach vorn geneigt und somit ist das Hauptgewicht auf das Stützbein verlagert. Dabei ist es besonders wichtig, dass durch eine gut gewählte Stellung die Muskulatur des Stützbeins nicht verspannt.

Der Schwerpunkt muss sich zwischen dem Stützfuß und der Kniendrolle befinden.

Stützarm

Um das Gewehr gut tragen zu können, wird der Stützarm ganz bewusst auf das Knie des Stützbeins aufgesetzt. Dafür hast du verschiedene Möglichkeiten – finde die für dich beste heraus!

- Du setzt den Ellbogen in die Kuhle, die sich bei gebeugtem Knie zwischen Kniescheibe und Oberschenkel ergibt.
- Die Kuhle, die sich bei gebeugtem Arm zwischen Ellbogenspitze und Oberarm bildet, wird auf die Kniescheibe aufgelegt.
- Du legst die Ellbogenspitze vor dem Knie auf.
- Du legst die Ellbogenspitze hinter dem Knie auf.

In der Sportordnung ist festgelegt, dass die Ellbogenspitze höchstens 100 mm vor dem Knie und 150 mm hinter dem Knie aufgelegt werden darf.

Schießriemenbefestigung

Der Schießriemen entlastet den Stützarm und stabilisiert somit den Anschlag. Du kannst den Schießriemen am Oberarm näher an der Achselhöhle oder näher am Ellbogengelenk befestigen. So wird der Puls nicht auf die Waffe übertragen. Solltest du den Riemen doch in der Mitte des Ellbogens befestigen, musst du ihn so festziehen, dass er nicht verrutscht – aber auch aufpassen, dass die Blutzirkulation nicht behindert wird.

Die Tipps zum Einsetzen der Waffe, zur Kopfhaltung und zum Abzug findest du beim Liegendanschlag!

Puls

Der Puls kann beim Kniendanschlag zum Problem werden, weil sich diese rhythmischen Schwankungen auf die Waffe auswirken. Oft kommt der verstärkte Pulsschlag von Falten in der Jacke, einer zu engen Hose oder einem falsch sitzenden Schießriemen. Achte auf ausreichend Bewegungsfreiheit und kontrolliere deine Kleidung!

Nullstellung

Bei **seitlicher Abweichung** vom Scheibenzentrum musst du deine Grundposition entsprechend verändern. Dabei bleiben alle Winkel zueinander erhalten – du bewegst deinen Oberkörper wie auf einer Drehscheibe!

Ist die Abweichung zu groß, solltest du aufstehen und dich mit gedrehter Kniendrolle neu einrichten!

Abweichungen in der Höhe nach oben oder unten kannst du so korrigieren:

- Verstellen der Schaftkappe, Veränderung von Handstopp **und** Schießriemen. (Die Druckverhältnisse des Anschlags müssen stimmen!)
- Leichtes Versetzen des Stützbeins nach vorn oder nach hinten.
- Starke Korrekturen sind durch mehr oder weniger Füllung in der Kniendrolle möglich.

Zielen

Beim Zielen richtest du die Waffe auf das Scheibenzentrum aus. Dabei bringst du Auge, Diopter, Korn und Scheibenmitte auf eine Linie.

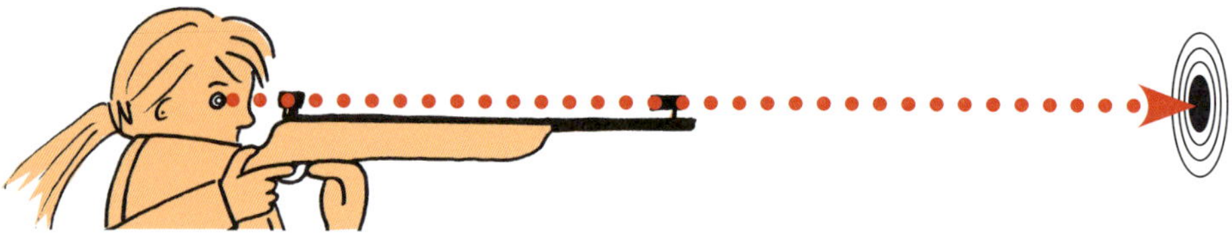

Zieltechnik

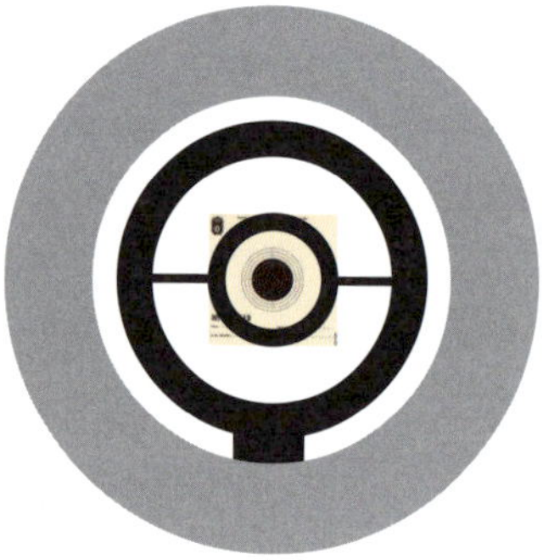

- Beim optimalen Zielen schaust du genau mittig durch das Diopterloch und den Korntunnel.
- Anschließend wird der Scheibenspiegel im Ringkorn zentriert.
- Nun erscheint das Zielbild als Einheit.
- Eine gleichmäßige Zielannäherung erkennst du am engen Schussbild.

Zielzeit

Du solltest die Zielzeit von maximal **8 s** nicht überschreiten, denn dein Auge kann das Zielbild nicht zeitlich unbegrenzt fokussieren. Das Ergebnis wird ungenau!

Dauert der Zielvorgang zu lange, brich ab und beginne neu!

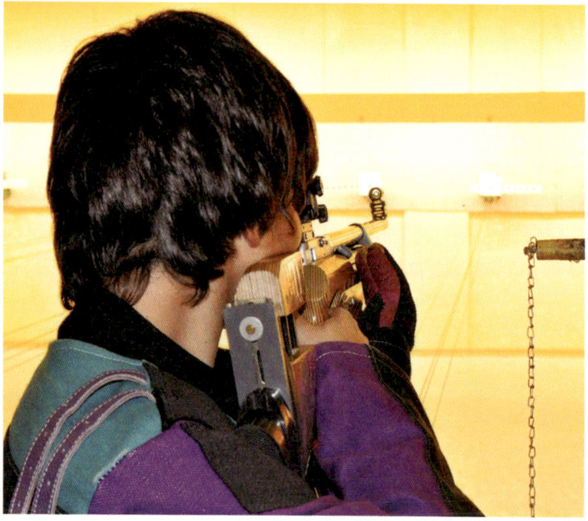

Auge

Stimmt der äußere Anschlag, ist dein Körper entspannt, die Wange an der Schaftbacke und alles auf die Scheibe gerichtet – dann übernimmt das Auge den weiteren Zielvorgang. Mit dem Auge nimmst du wahr, wie sich die Visierung der Scheibenmitte annähert. Nun kann die Lage des Gewehrs noch verändert werden.

Vermeide möglichst den Wechsel von hell (Sonne, Lampe) und dunkel (Scheibenspiegel), weil es immer einige Zeit dauert, bis sich die Pupille weitet (siehe auch Kap. 9 „Pistolenschießen“).

Diopter

Der Diopter dient der genauen Einstellung der Trefferlage. Mit dem Verdrehen der Stellschrauben (Klicken) kannst du deine Trefferlage verändern. Am Diopter ist die Iris angebracht. Die Irisscheibe kann einen Durchmesser von 0,5-3,0 mm haben und sollte so eingestellt sein, dass das Korn scharf zu sehen ist. Dies hängt aber auch vom Abstand deines Auges von der Iris ab. Ein optimaler Abstand liegt zwischen 4 und 7 cm.

Korn

Da jedes Auge das Kontrollweiß zwischen Spiegel und Kornrand unterschiedlich wahrnimmt, kann man keine genaue Empfehlung für eine ideale Ringkorngröße geben. Als Grundregel gilt: Je größer die Zielbildschwankungen im Anschlag, umso größer sollte das Kontrollweiß sein (etwa ein Drittel vom Spiegeldurchmesser).

Lasse dich bei der Auswahl und der Einstellung von Diopter und Korn von deinem Trainer beraten. Er wird das Material auf deinen Anschlag und deinen Könnensstand abstimmen!

Visierlinienerhöhung

Die Visierlinienerhöhung ist ein Segen für alle mit besonders langem Hals und/oder Hängeschultern. Diopter und Korntunnel werden dabei erhöht auf dem Lauf angebracht.

Vorteil: Weniger Spannungen im Nacken, der Kopf ist aufrechter, kurzer Weg für das Absenken des Kopfs auf die Schaftbacke.

Nachteil: Nur für Fortgeschrittene geeignet, die ein gleichmäßiges Verkanten der Waffe beherrschen.

Abziehen

Ein sauberer Abzug bedeutet, dass der Schuss ausgelöst wird, ohne eine Bewegung auf die Waffe zu übertragen.

Abzughand

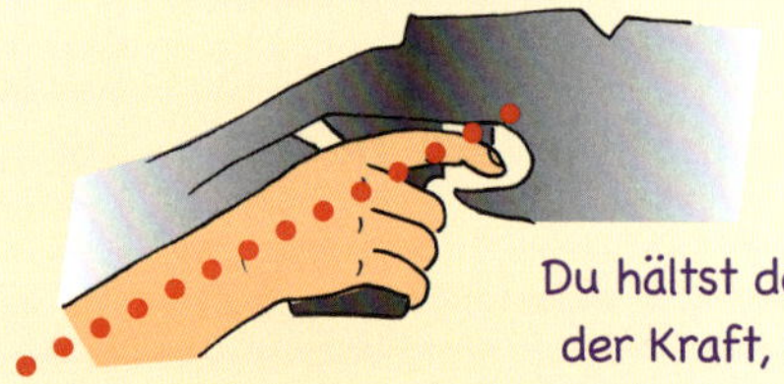

Abzugfinger

Du bewegst deinen Abzugfinger beim Abziehen geradlinig und parallel zum Lauf. Der Abzug wird mit dem ersten Fingerglied des Abzugfingers ausgelöst, weil in der Mitte des ersten Fingerglieds (Fingerbeere) das Gefühl am größten ist. So wird die Geradlinigkeit sichergestellt und eine seitliche Krafteinwirkung vermieden.

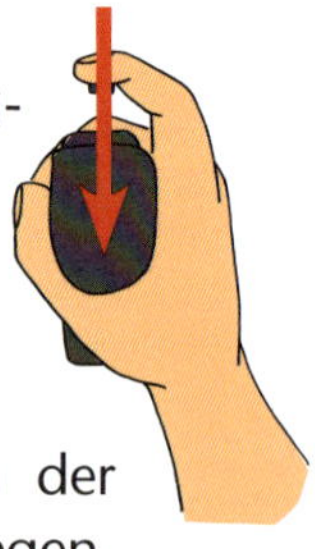

- Wenn du den Druckpunkt erreicht hast, steht der Abzugfinger etwa 90° zur Schussrichtung.
- Achte darauf, dass sich beim Abziehen wirklich nur der Abzugfinger bewegt und sich seine Bewegung nicht auf die anderen Finger, die Hand und damit auf die Waffe überträgt.
- Der Abzugfinger liegt immer an der gleichen Stelle an der Abzugzunge. Er berührt sonst nichts und kann sich frei bewegen.

Abzugtechniken

Je nach deinen eigenen persönlichen Voraussetzungen wählst du eine der vier Abzugtechniken.

1. **Unbewusstes Abziehen:** Gleichmäßige Verstärkung der Druckhärte, bis der Schuss bricht *(wird häufig im Liegendanschlag und von Anfängern angewendet).*
2. **Pulsierendes Abziehen:** Die Druckhärte wird bis zum Brechen des Schusses rhythmisch verstärkt und verringert. *(Birgt Probleme, für den Anfang zu riskant, weil der Schuss überraschend brechen kann!)*
3. **Dynamisches Abziehen:** Diese Art des Abziehens wird auch „Durchreißen“ genannt *(für den Anfang ungeeignet, weil der Schuss leicht verrissen werden kann).*
4. **Bewusstes Abziehen:** Die Druckhärte wird bis zu einem Punkt knapp unter dem vollen Abzuggewicht zügig gesteigert. Die letzte Phase wird situationsabhängig schnell oder weich überwunden *(wird häufig von Spitzenschützen angewendet – und welchen, die es werden wollen …!).*

Abzugeigenschaften

Abzüge können unterschiedlich eingestellt werden. Generell unterscheidet man zwei Arten:

Abzug mit Vorzug
So wie beim Luftgewehr wird zunächst das Vorzugsgewicht überwunden und du kommst an den Druckpunkt. Hier musst du nun den Druck verstärken, um dann den Schuss auszulösen. Dieser Abzug bietet dir besonders viel Sicherheit, deinen Schuss kontrolliert abgeben zu können.

Direktabzug
Dieser Abzug hat nur eine Phase. Es gibt keinen Vorzugsweg. Das gesamte Abzuggewicht wird nur an einer Stelle des Abzugsweges überwunden. Dieser Abzug ist nur etwas für Könner, weil er sehr sensibel bedient werden muss.

Abzugwiderstand/Abzuggewicht

So bezeichnet man die Kraft, die der Schütze aufwenden muss, um den Druck am Abzug zu überwinden und einen Schuss auszulösen. Je geringer der Abzugwiderstand eingestellt ist, desto leichter bricht der Schuss. Am Anfang startet man mit einem höheren Abzuggewicht, weil die Sensibilität des Abzugfingers noch ausgebildet werden muss.

Frage deinen Trainer nach deinem Abzuggewicht und lasse dir zeigen, wie man einen Abzug einstellt.

Abzugfehler

Die häufigsten Fehlerquellen:

- Durchreißen wegen zu großer Nervosität oder zu niedrigen Temperaturen;
- unregelmäßige Druckverstärkung – Spielen mit dem Druck;
- wegen Fingerkontakt mit der Waffe ist das Abziehen schleifend;
- nicht immer die gleiche Kontaktstelle des Fingers mit der Abzugzunge;
- schräges Abziehen wegen falscher Position der Abzughand am Griff;
- seitliches Anlegen des Abzugfingers am Abzugzüngel.

Nachhalten und Nachzielen

Ein wichtiges Technikelement, welches sich sofort an das Auslösen des Schusses anschließt, ist das Nachhalten und Nachzielen. Nach dem Brechen des Schusses verbleibst du noch 1-2 s im Anschlag und „verfolgst den Schuss".

Gründe für das Nachhalten sind:

- Der Schuss findet einen ruhigen Abschluss.
- Ein zu frühes Auflösen des Anschlags könnte einen schlechten Einfluss auf die Schussabgabe haben.
- Schon während des Nachhaltens kannst du Abkommen, Anschlag und Verhalten beim Brechen des Schusses kontrollieren und analysieren.
- Durch das Beobachten des Mündungsverhaltens bei der Schussabgabe kannst du schon über notwendige Korrekturmaßnahmen, z. B. bei der Dioptereinstellung oder des äußeren Anschlags, entscheiden.

Atmung

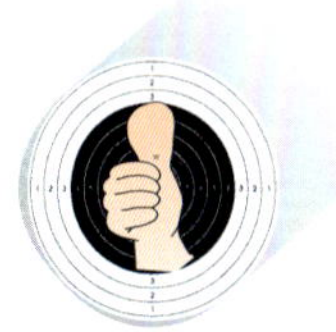

Mit der Atmung bekommt dein Körper den lebenswichtigen Sauerstoff, du kannst deine emotionale Erregung steuern und begleitest den Schussablauf.

Training der Atmung

Vor allem durch Konditionstraining kannst du dein **Lungenvolumen** vergrößern und deine Sauerstoffaufnahme verbessern. Damit bist du leistungsfähiger und ausdauernder.

Im Training solltest du auch erlernen, deine **Erregung** zu steuern. Bist du sehr aufgeregt und kannst dich kaum konzentrieren, wird dich gezielte Atmung beruhigen. Fehlt dir jedoch die für den Wettkampf notwendige Erregung, kannst du durch spezielle Atemübungen die wichtige Spannung und Wachheit erlangen.

Bauchatmung

Du hast die Möglichkeit, mit Bauchatmung und Brustatmung zu atmen. Für den Gewehrschützen ist allerdings die Bauchatmung zu empfehlen, weil du so mehr Sauerstoff aufnehmen und die Erregung besser kontrollieren kannst. Mit tiefer Bauchatmung verlagerst du deinen Körperschwerpunkt nach unten, was sich günstiger auf den stabilen Anschlag auswirkt.

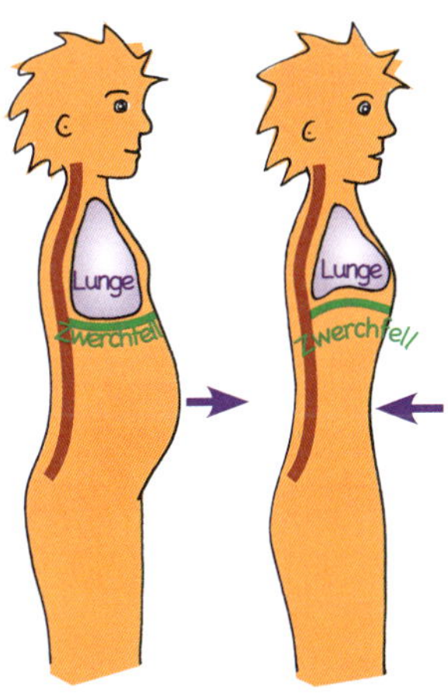

- Beim Einatmen wölbt sich dein Bauch nach vorn und beim Ausatmen nach innen.
- Hauptsächlich durch die Bewegung des Zwerchfells wird die Luft ein- und ausgeatmet.
- Das Lungenvolumen wird besser ausgenutzt.
- Die Schultern bewegen sich kaum.

Atmung im Schussverlauf

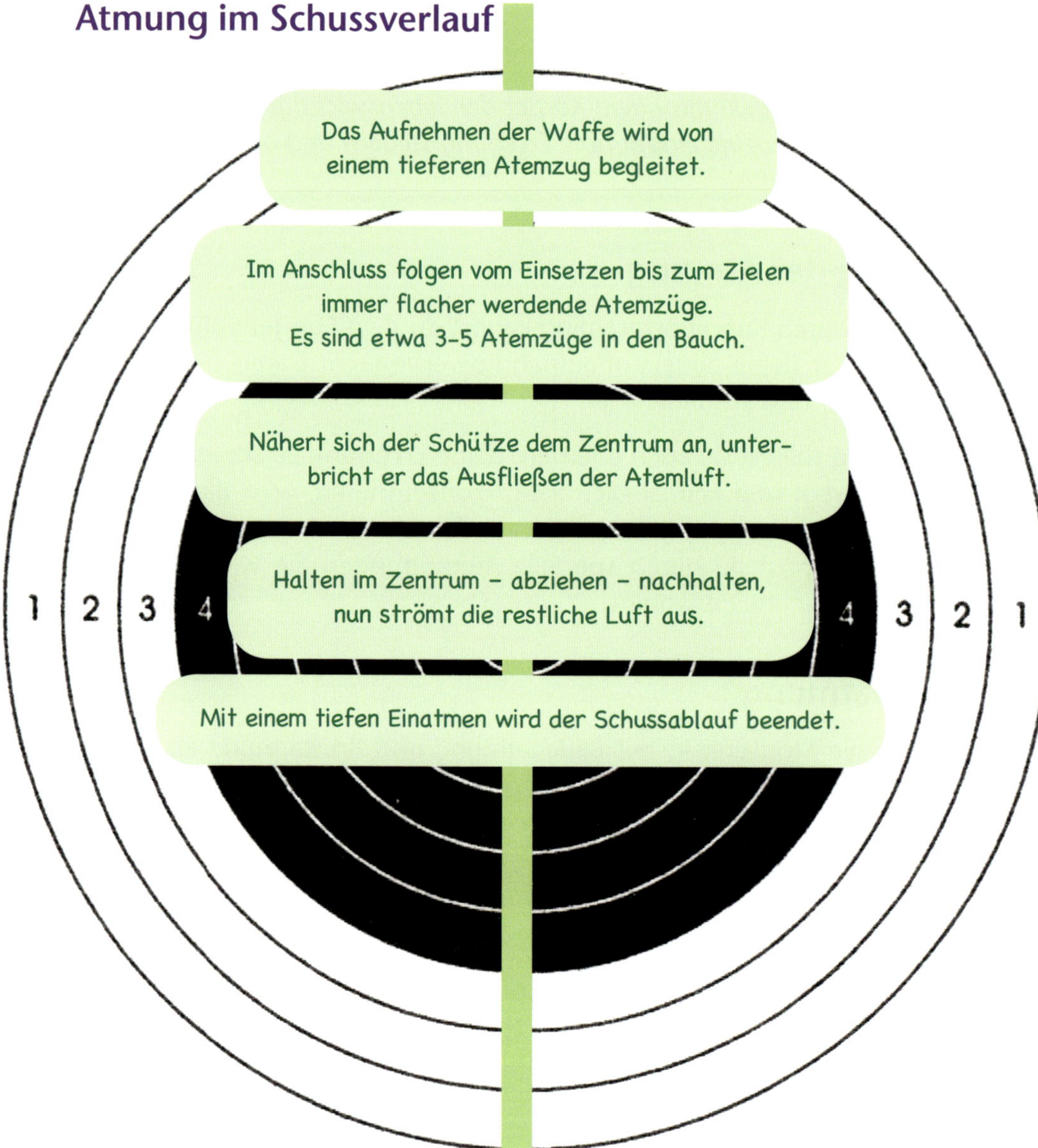

Die Atmung unterstützt den Bewegungsablauf und die Schießtechnik. Du solltest dir einen eigenen, immer gleichbleibenden Atemrhythmus angewöhnen. Das bedeutet: gleiche Anzahl von Atemzügen, gleiche Stärke und gleiche Frequenz. Mit dieser Routine kannst du den Rhythmus deiner Schüsse besser einhalten.

. . . . . 9 Pistolenschießen

Das Pistolenschießen gehört mit seinen vielen unterschiedlichen Disziplinen zu einer der abwechslungsreichsten Waffengattungen. Die Faszination geht für viele von der Beherrschung einer frei gehaltenen Waffe aus. Sie wird aus derselben Hand geschossen, die sie gleichzeitig auch festhält.

Zu den olympischen Pistolendisziplinen gehören:

	Männer	Frauen
Luftpistole	60 Schuss	40 Schuss
Freie Pistole	60 Schuss	–
KK-Sportpistole	–	30 + 30 Schuss
Schnellfeuerpistole	2 x 30 Schuss	–

In der Sportordnung des DSB findest du alle Wettkampfprogramme der verschiedenen Altersklassen. Bis zu den deutschen Meisterschaften gelten die darin festgeschriebenen nationalen Regeln. Internationale Wettkämpfe werden nach den Regeln der ISSF (internationaler Dachverband) durchgeführt.

Anschlagaufbau

Das Ziel des Anschlags ist es, eine bestmögliche Stabilität von Körper und Waffe zu erreichen. Dafür benötigst du einen ausbalancierten Stand, eine möglichst tiefe Lage des Körperschwerpunkts und die richtige Spannung in der Muskulatur.

Unter **äußerem Anschlag** versteht man die sichtbare Körperstellung: Füße, Körper, Arme und Kopf. In dieser Reihenfolge wird der Anschlag auch aufgebaut.

Unter **innerem Anschlag** verstehen wir den Spannungszustand der Muskeln, die Dehnung der Bänder und die Stellung der Körperteile zueinander. Das lässt sich kaum von außen sehen, aber du kannst dies mit deinem „Muskelsinn" spüren.

Fußstellung

- Die Füße stehen etwa schulterbreit auseinander.
- Die Füße sind parallel zueinander.
- Der Druck auf den Fußsohlen ist gleichmäßig verteilt.
- Die Knie sind fest.
- Körperschwankungen kannst du durch leichtes Ein- oder Ausdrehen der Fußspitzen ausgleichen.

Körperhaltung

- Der Oberkörper steht aufrecht und gerade auf der Hüfte.
- Das Körpergewicht ist gleichmäßig auf beide Beine und Füße verteilt.
- Deine Körpermitte liegt im Bereich zwischen den Füßen.

Armhaltung

Der schießfreie Arm wird am Hosenbund oder in der Hosen- oder Jackentasche fixiert.

Beim Anheben des Arms wird die Schulter nicht hochgezogen.

Der Schießarm wird gestreckt und Schulter, Ellbogen- und Handgelenk sind fest.

Kopfhaltung

- Der Kopf wird aufrecht und gerade gehalten.
- Du drehst den Kopf nur so weit zur Scheibe, dass Nacken- und Halsmuskeln nicht zu sehr verspannt sind.
- Mit dem rechten Auge kannst du als Rechtsschütze gerade über die Visierlinie schauen.
- Achte auf gleichbleibende Kopfhaltung, um eine gleichmäßige Visierlinie zu erhalten.

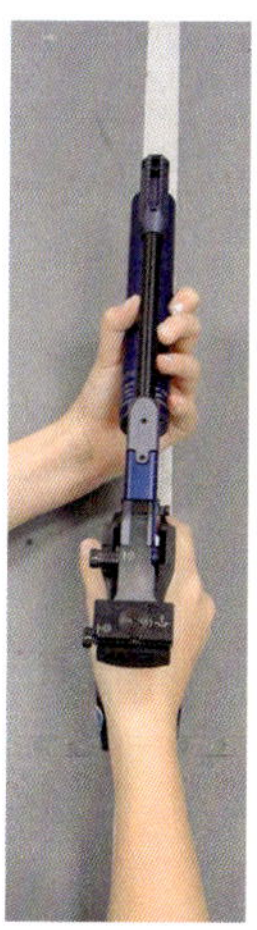

Einsetzen der Waffe

Die Pistole wird nur mit einer Hand gehalten. Deshalb sind das richtige Einsetzen und ein gut passender Griff besonders wichtig.

- Mit der waffenfreien Hand wird die Pistole in die Gabel zwischen Zeigefinger und Daumen gerade eingesetzt.
- Nun legst du das erste Fingerglied deines Zeigefingers mit der Fingerbeere auf die Mitte des Abzugzüngels.
- Dann umfassen deine Finger und die Handfläche den Griff.
- Der Daumen liegt ohne Druck auf der Daumenauflage

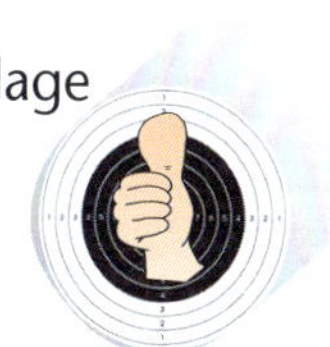

Ein individuell eingestellter oder angepasster Griff unterstützt ein gleichmäßiges Umfassen der Pistole.

Einrichten und Anschlagkontrolle

Beim Einrichten am Stand muss der Anschlag auf die Scheibenmitte ausgerichtet werden. **Das kannst du wie folgt ausführen:**

- Du führst die Waffe unter den Spiegel in den Halteraum und bleibst stehen.
- Dann senkst du den Blick, ohne den Kopf zu bewegen, wobei du langsam ein- und ausatmest.
- Nun richtest du deinen Blick wieder auf das Korn und kontrollierst, ob sich die Lage deiner Waffe im Halteraum verändert hat.
- Bei Abweichungen musst du entsprechende Anschlagkorrekturen durchführen.

Steiler Anschlag

Der optimale Anschlag eines Pistolenschützen ist der **steile Anschlag**. So hast du die beste Visierlinie Auge-Kimme-Korn-Scheibenmitte und der Rückstoß der KK-Pistole wird geradlinig vom Körper aufgefangen.

- Die Fußstellung ist parallel.
- Die Schulterachse steht genau in Verlängerung der Visierlinie.
- Der Kopf ist stark zur Schulter gedreht.

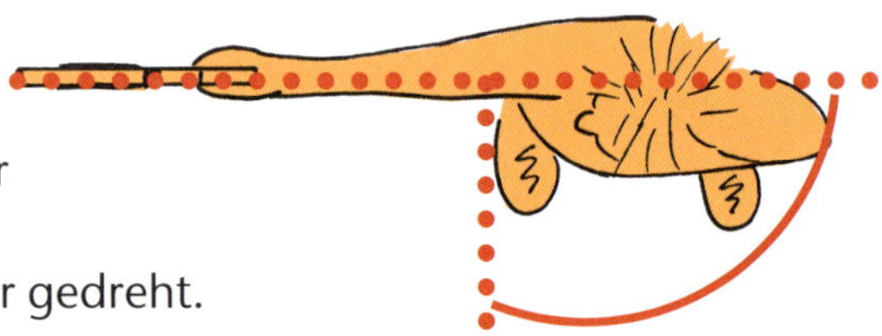

Offener Anschlag

Wenn die körperlichen Voraussetzungen für den steilen Anschlag nicht geeignet sind, dann kann der Anschlag auch etwas **offener** ausgeführt werden.

- Die Schulterachse befindet sich leicht geöffnet zur Schussrichtung.
- Der Winkel der Füße zur Schusslinie ist kleiner als 90°.

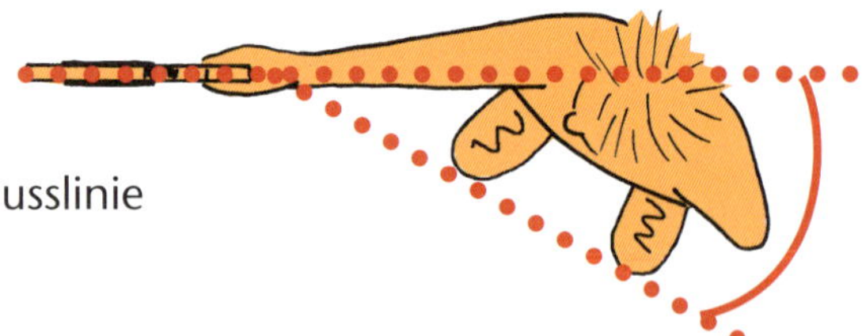

Bewegungsablauf und Technikelemente

Der Bewegungsablauf beim Präzisionsschießen lässt sich in fünf Phasen einteilen:

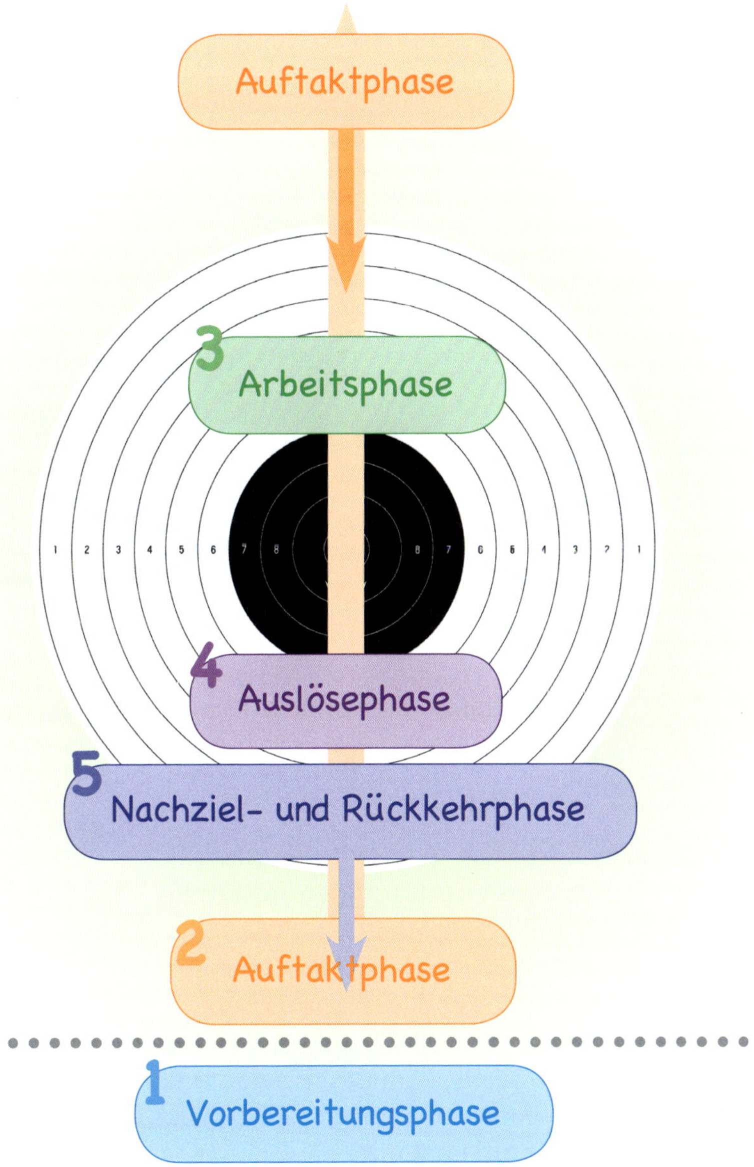

1 Vorbereitungsphase

In dieser Phase stellst du dich gedanklich auf die bevorstehende Aufgabe ein. Dabei **atmest** du **mehrmals bewusst ein und aus**, machst Ellbogen- und Handgelenk fest und baust Körperspannung auf. Dein Blick geht in den freien Raum – **Ruheblick**. Den Zeigefinger legst du immer an der gleichen Stelle des Abzugzüngels an.

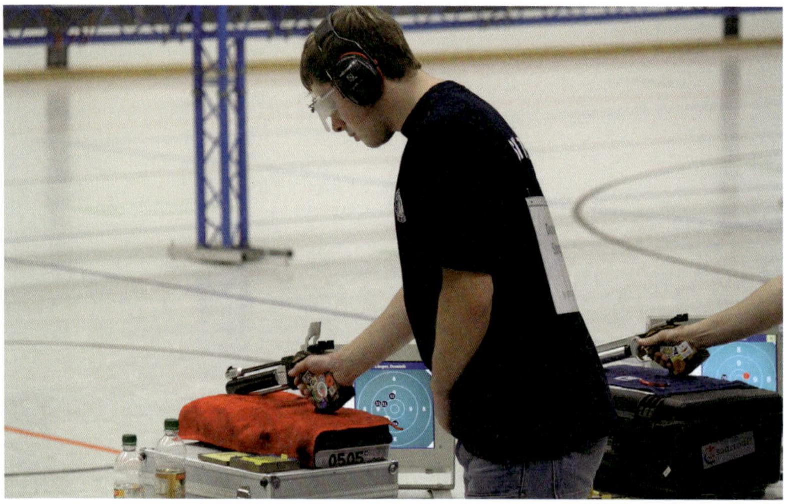

2 Auftaktphase

Du beginnst mit einer **tiefen Einatmung** (Bauchatmung), wobei die Waffe bis über die Scheibe angehoben wird. Am Umkehrpunkt kommt die Waffe kurz zur Ruhe.

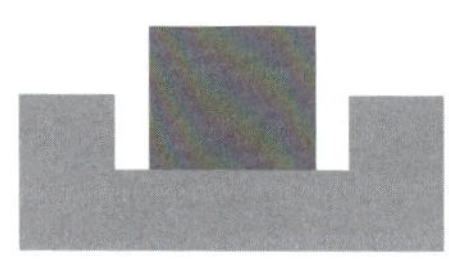

Zum **Grobzielen** wird das Korn im Kimmenausschnitt zentriert. Mit dem **ersten ruhigen Ausatmen** bringst du die Waffe mittig in das Weiß über dem Spiegel. Dabei ist der **Blick auf der Kimme oder dem Handrücken**.

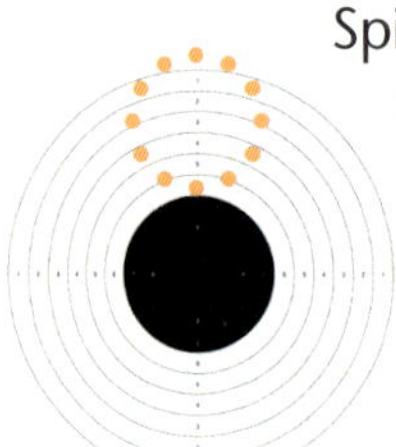

Die Waffe kommt in einer verlängerten Atempause zur Ruhe, du nimmst den **Druckpunkt** und überprüfst das Korn im Kimmenausschnitt.

3 Arbeitsphase

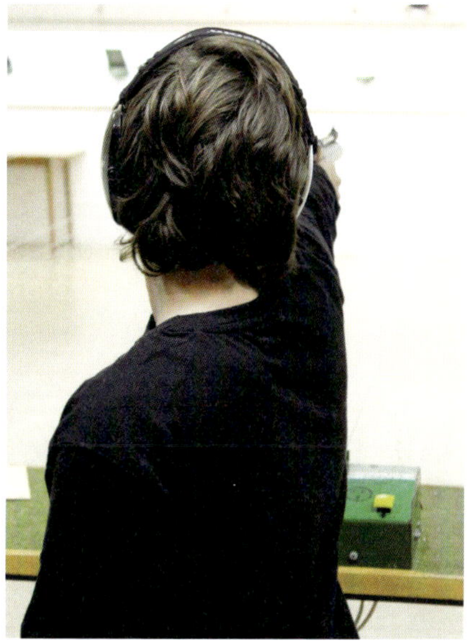

Mit dem zweiten Einatmen (Bauchatmung) hebt sich die Waffe nicht mehr. Nach einer **verlängerten Atempause** beginnt das **langsame Ausfließen der Atemluft** (Ventilatmung) und du senkst die Waffe langsam durch die Mitte des Spiegels bis zum **Halteraum**.

Nun fixierst du das **Korn in der Mitte der Kimme** (gestrichen Korn). Der **Druck auf den Abzug** wird erhöht.

4 Auslösephase

Wenn du den Halteraum erreicht hast, wird die Atmung gestoppt, du machst eine **verlängerte Atempause** und deine **Waffe kommt zur Ruhe**. Mit dem Auge fixierst du das Korn und bei optimalem Zielbild erfolgt die **Schussauslösung**.

Wenn du innerhalb von 5 s nicht auslösen kannst, solltest du abbrechen.

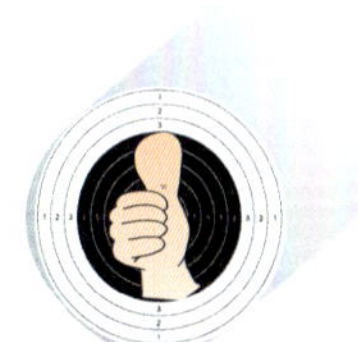

5 Nachziel- und Rückkehrphase

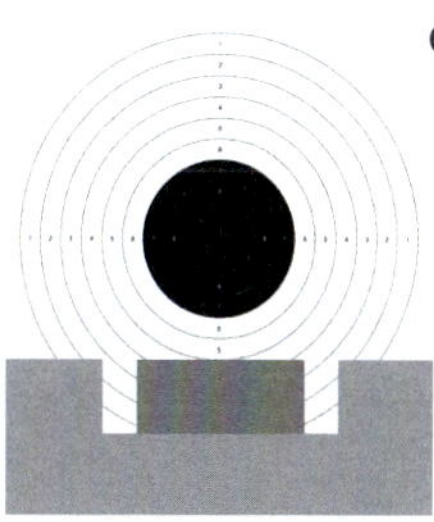

Nach der Schussauslösung **bleibt die Körperspannung** und du hältst die Waffe weiter **im Anschlag**. Dabei bleibt der Blick auf dem Korn und du **atmest nicht**. Wo stand die Visierung zum Zeitpunkt des Schusses?

Beim Rückkehren der Waffe **atmest du wieder**, das Auge kann das Korn begleiten und die **Körperspannung wird aufgelöst**.

Atmung

Durch die Atmung erhältst du die notwendige Sauerstoffzufuhr, die dein Gehirn, deine Muskeln und deine Sinnesorgane optimal arbeiten lässt. Mit bewusster Atmung kannst du auch deine Schusstechnik unterstützen sowie zu hohe oder zu niedrige Erregung steuern. Wir haben uns hier für die Beschreibung der **Doppelatmung** entschieden, weil dies die Technik der Fortgeschrittenen ist.

Solltest du die Pistole noch nicht so lange halten können, ist es besser, mit der Einfachatmung zu beginnen. Frage deinen Trainer danach!

Auf der Darstellung der Doppelatmung (1, 2) kannst du den Verlauf von Einatmen (hohe Kurve) und Ausatmen (tiefe Kurve) während eines Schusses sehen.

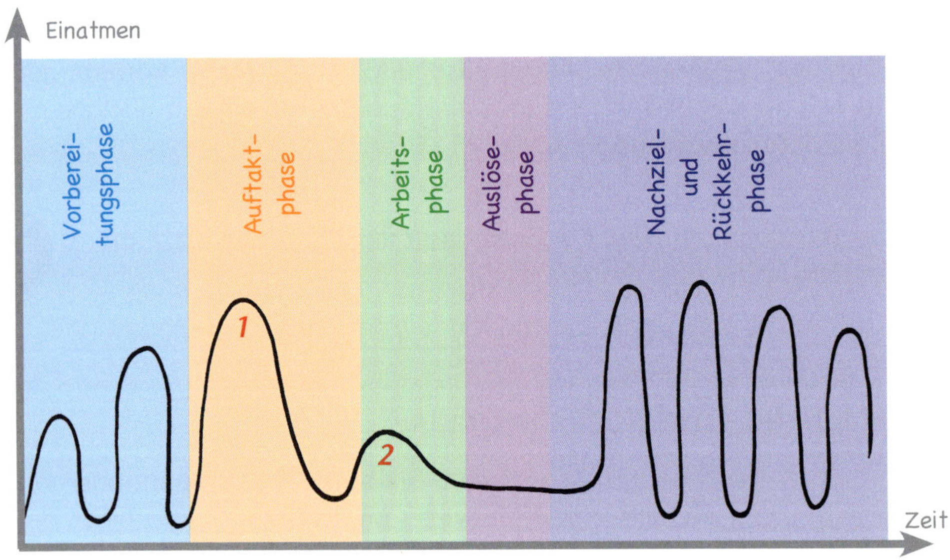

In den einzelnen Schussphasen wird das Atmen teilweise gestoppt oder verlangsamt. Deshalb ist es sehr wichtig, dass der Schütze nach Schussauslösung oder nach Abbruch kräftig ein- und ausatmet. So kann wieder neuer Sauerstoff getankt werden!

Bewegungssteuerung

Tief einatmen beim Anheben der Waffe.
Im Tempo der Atmung den Waffenarm anheben.

Nach kurzer Atempause langsam ausatmen und die Waffe nach unten auf die Scheibe führen.

In der verlängerten Atempause ruht die Waffe.

Beim Einatmen in den Bauch bewegt sich die Waffe nicht.

Nach kurzer Atempause fließt die Luft langsam aus.
Das Ausfließen bestimmt die Abwärtsbewegung in den Halteraum.

Die Ausatmung wird im Halteraum gestoppt.
Die Waffe kommt dabei zur Ruhe.

In einer längeren Atempause wird der Schuss ausgelöst.

Nach dem Schuss wird die Atempause im Nachzielen verlängert.

Nach kurzem tiefen Ein- und Ausatmen atmet der Schütze wieder normal.

Die Atmung unterstüzt den Bewegungsablauf und die Schießtechnik. Der Atemrhythmus ist im Ablauf immer gleich und wird vom Schützen individuell angepasst.

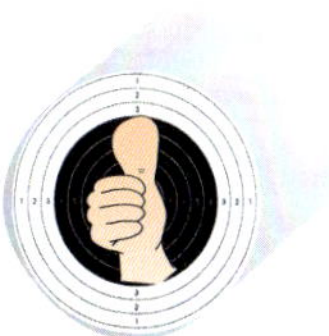

Allgemeine Yoga-Atmung zur Beruhigung

Bei zu großer Aufregung hast du eine schnellere Atmung und eine erhöhte Herzfrequenz. Das wirkt sich sehr ungünstig auf das Zielen aus. Mit einfachen Atemtechniken kannst du dich sammeln.

Wechselseitige Nasenatmung

Du führst diese Übung in aufrechter Sitzhaltung durch.

- *Zeige- und Mittelfinger deiner rechten Hand berühren die Nasenwurzel.*
- *Der Daumen hält das rechte Nasenloch zu und du atmest langsam durch das linke Nasenloch aus. Dann strömt der Atem wieder ein.*
- *Nun wird der Daumen gelockert.*
- *Der kleine Finger hält das linke Nasenloch zu und du atmest langsam durch das rechte Nasenloch aus. Anschließend lässt du die Luft wieder einströmen.*
- *Der kleine Finger wird gelockert und du wechselst wieder.*

Bauchatmung

Völlig flach und entspannt liegst du auf einer nicht zu weichen Unterlage. Auf deinen Bauch setzt du einen kleinen Gegenstand – z. B. ein Kuscheltier. Beim ruhigen Atmen in den Bauch kannst du nun beobachten, wie sich der Gegenstand sanft auf- und abbewegt oder leicht schaukelt. Fällt er herunter, hast du zu hektisch geatmet.

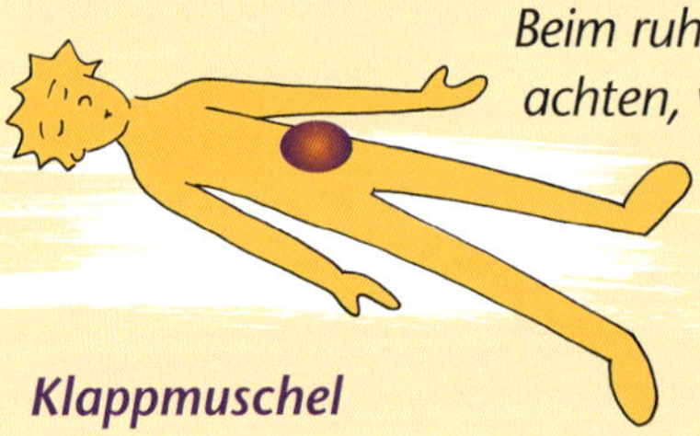

Klappmuschel

Du liegst in Rückenlage und die Beine sind angewinkelt.

- *Beim Einatmen fallen die Knie auseinander und die Arme und Hände breiten sich zur Seite aus. – „Die Muschel öffnet sich!"*
- *Beim Ausatmen „schließt sich die Muschel!" Die Knie gehen langsam zusammen und die Arme gehen wieder an den Körper heran.*

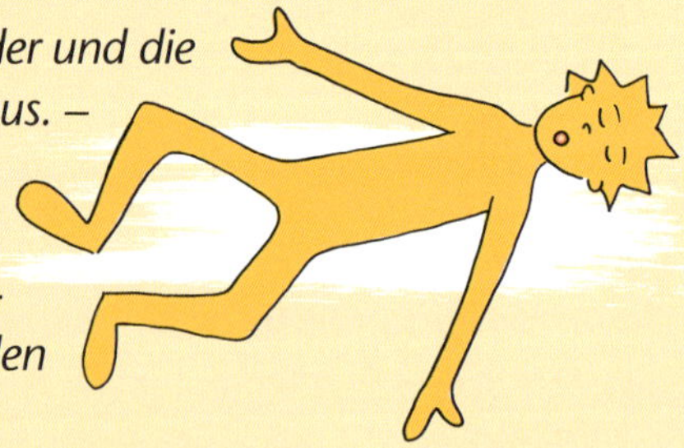

Allgemeine Yoga-Atmung zum „Aufwachen"

Bist du müde und antriebslos, kannst du dich mit gezielter Atmung in den für das Schießen notwendigen „Betriebszustand" bringen.

HA-Atmung

Bei oberflächlicher Atmung bleibt oft zu viel verbrauchte Luft in der Lunge zurück. Das verursacht Kopfschmerzen, Antriebslosigkeit und Unkonzentriertheit. Nun müssen die Lungen „gereinigt" werden!

- *Du stehst mit leicht geöffneten Beinen und atmest aus.*
- *Während des Einatmens führst du die Arme seitlich über den Kopf und faltest die Hände.*
- *Nach leichtem Zurückwippen lässt du Oberkörper und Arme nach vorn fallen.*
- *Dabei wird der Atem mit der Silbe „HA" ausgelassen.*
- *Deine Beine sind gestreckt, der Oberkörper hängt locker und die Arme pendeln zwischen den Beinen.*

Gorilla-Atmung

Mit seiner typischen Geste macht sich der Gorilla Mut und tankt Kraft. Versuche es auch!

- *Im Stehen atmest du tief durch die Nase ein.*
- *Beim Ausatmen trommelst du mit den Fäusten gegen deine Brust und brüllst „Uaah"!*
- *Achte auf deine Umgebung – vielleicht muss das Brüllen auch etwas leiser ausfallen.*

Weitere Atemübungen findest du auch im Buch „Ich lerne Sportschießen", S. 46/47. Für die unmittelbare Wettkampfsituation zeigt dir dein Trainer zusätzlich noch eine spezielle Atemtechnik zum „Rauf- und Runterregeln"!

Erregungssteuerung

Beim Schießen (vor allem im Wettkampf) willst du entspannt, aufmerksam, ruhig und konzentriert sein. Dieser optimale Zustand ist nicht immer leicht zu erreichen, denn der Alltag und die Wettkampfsituation beeinflusst dich.

Hohe Erregung

- Du bist sehr aufgeregt und hast Angst, zu versagen.
- Laute Geräusche, Zurufe oder Unterhaltungen machen dich nervös und wütend.
- Du bist bei schlechten Zwischenergebnissen sehr verärgert.
- …

Beruhigendes Atmen ist notwendig! Verlängere bewusst das Ausatmen!

Geringe Erregung

- Du bist müde und fühlst dich nicht fit.
- Ein schlechtes Zwischenergebnis macht dich traurig und mutlos.
- Du bist geschafft vom langen Wettkampftag.
- …

Anregendes Atmen ist notwendig! Betone bewusst das Einatmen!

Zielen

Beim Zielen richtest du die Waffe mithilfe des Auges und der Visierung so auf die Scheibe ein, dass du das Scheibenzentrum so genau wie möglich triffst. Kimme und Korn sind die Visierelemente und die gedachte Linie von Auge über Kimme, Korn und Ziel nennt man *Visierlinie*.

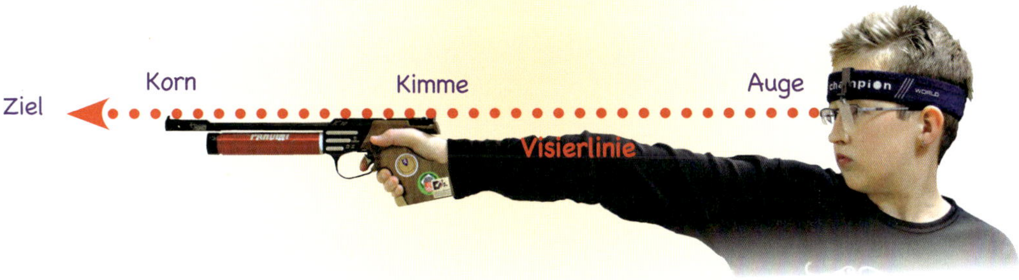

Das Auge

Dem Auge kommt beim Zielen eine sehr große Bedeutung zu, deshalb musst du auch einige Regeln beachten.

Dominierendes Auge

Das Ziel visierst du mit nur einem Auge, deinem dominierenden Auge, an. Das andere Auge bleibt offen, wird aber mit einer lichtdurchlässigen Blende verdeckt. So haben beide Augen den gleichen Lichteinfall. Beim Rechtsschützen ist das rechte Auge zum Zielen zu bevorzugen.

Wie kannst du dein „Zielauge" herausfinden? Schaue dazu mit beiden Augen auf einen entfernten Punkt. Nun strecke den Arm nach vorn und überdecke den Punkt mit dem Daumen. Dann halte mit der anderen Hand ein Auge zu. Bleibt der Punkt hinter dem Daumen, so ist das sehende Auge das dominante. Springt der Punkt zur Seite, dann ist das verdeckte Auge das dominante.

Hell und dunkel

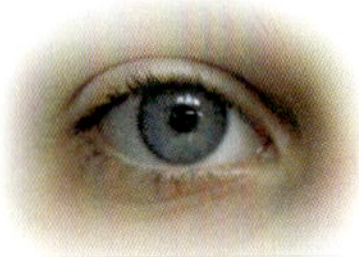

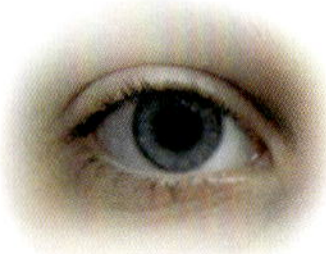

Die Pupille deines Auges reagiert auf wechselnden Lichteinfall. Sie verengt sich bei viel Licht und weitet sich bei Dunkelheit (hier grelles Sonnenlicht und anschließender Blick auf den dunklen Spiegel der Scheibe). Weil die Pupille relativ viel Zeit braucht, um sich an veränderte Lichtverhältnisse zu gewöhnen, solltest du starke Wechsel kurz vor dem Zielen vermeiden. Das würde dir das Scharfstellen zu sehr erschweren.

Trage als Sonnenschutz am besten eine Kappe oder ein Stirnband mit Sonnenschild.

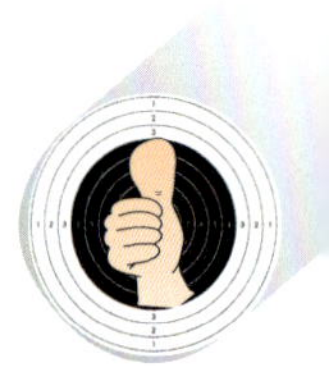

Scharfsehen

Das Auge kann bei unterschiedlich entfernten Gegenständen (hier Kimme, Korn, Scheibe) nur einen scharf sehen. Deshalb liegt die ganze Konzentration auf dem Korn. Da das Auge das Korn aber nur kurze Zeit scharf sehen kann, sollte nach etwa 5 s der Schuss ausgelöst sein oder der Zielvorgang abgebrochen und wiederholt werden. So werden Zielfehler vermieden.

Sehvermögen

Die Sehkraft deiner Augen solltest du in regelmäßigen Abständen überprüfen lassen. Wird eine Sehschwäche erkannt, kannst du dies durch ein optisches Glas ausgleichen.

Phasen bei der Visierung

Während des Zielvorgangs hast du verschiedene Zielbilder:

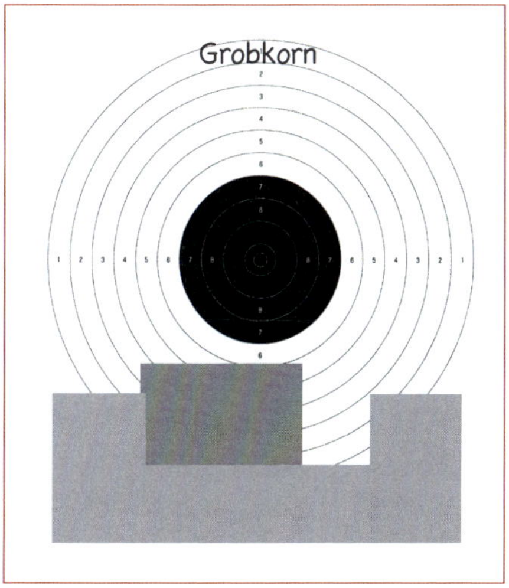

Das Korn
ist innerhalb der Kimme
– aber links geklemmt.

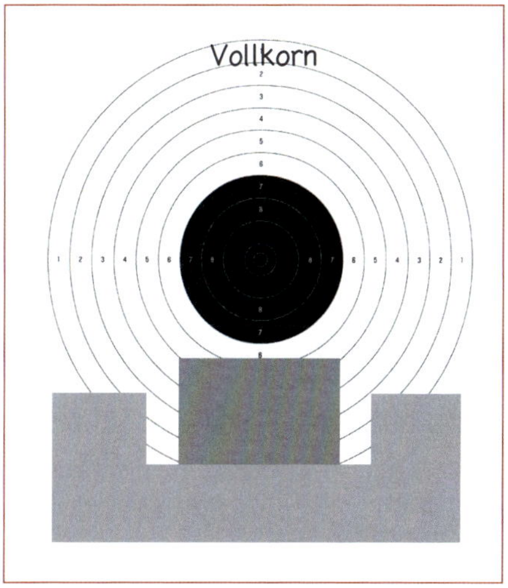

Die Lichthöfe
haben die gleiche Breite
– aber das Korn ist über der Linie!

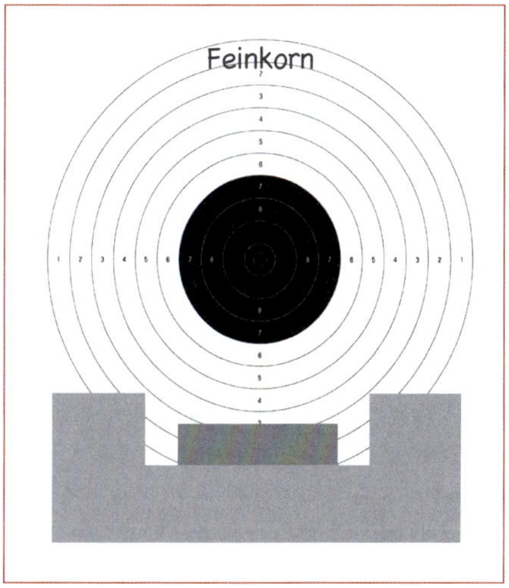

Die Lichthöfe
haben die gleiche Breite
– aber das Korn ist unter der Linie!

Die Lichthöfe
haben die gleiche Breite und Kimme
und Korn liegen auf einer Linie!

Der Zielvorgang

Vor dem Anheben der Waffe ruht dein Blick entspannt im freien Raum.

Beim Anheben der Waffe geht dein Blick auf die Handwurzel, am Umkehrpunkt auf die Visierung und du bringst das Korn in die Mitte des Kimmenausschnitts – ***Vollkorn.***

Bei der Abwärtsbewegung ruht dein Blick auf der Handwurzel oder der Kimme – ohne sie zu fixieren.

Während der längeren Atempause überprüfst du, ob das Korn in der Mitte der Kimme steht – ***leichtes Vollkorn.***

Ab jetzt bleibt der Blick auf der Visierung – erst einmal ohne Fixierung.

Während der Abwärtsbewegung in den Halteraum liegt deine Konzentration auf dem Korn.

Auf dem Weg durch den Spiegel wird das Korn fixiert – ***gestrichen Korn.***

Mit Erreichen des Halteraums setzt der Lidschlag aus und du fixierst weiter das Korn – ***Feinzielen.***

Wenn du das optimale Zielbild hast, wird der Schuss ausgelöst.

In der Nachzielphase bleibt dein Blick weiterhin auf dem Korn.

Die Phase des Feinzielens sollte nicht länger als 5 s dauern – dann sollte der Schuss kommen. Wenn nicht, dann solltest du abbrechen!

Abziehen

Ist das optimale Zielbild erreicht, löst du den Schuss aus.

- Beim Abziehen erhöhst du den Druck auf den Abzug so, dass die Waffe beim Auslösen nicht aus ihrer Lage gebracht wird.
- Dein Zeigefinger drückt mit dem ersten Fingerglied geradlinig auf die Mitte des Abzugzüngels.

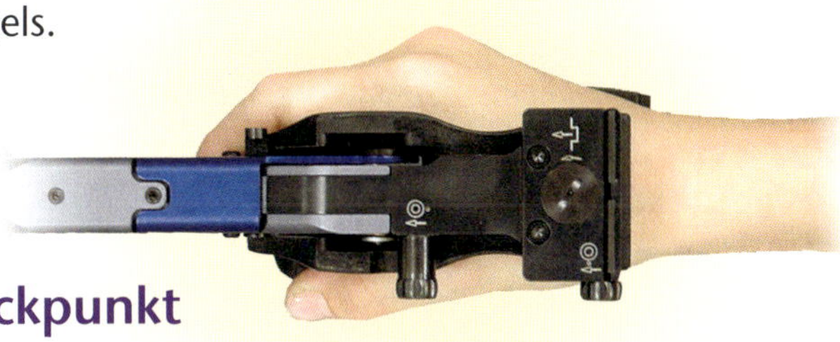

Vorzugs- und Druckpunkt

Nicht nur bei der Luftpistole, sondern auch bei der Sportpistole wird der Abzug als **Druckpunktabzug** eingestellt. Es gibt dabei ein **Vorzugsgewicht** und ein **Druckpunktgewicht**.

Einstellung

Das Verhältnis von Vorzugs- und Druckpunktgewicht kann individuell eingestellt werden. Üblich ist: 2/3 zu 1/3. Probiere es aus! Die **Abzuggewichte** sind in der Sportordnung des DSB und in den Regeln der ISSF festgelegt. Für die **Luftpistole** sind es **500 g**.

Der Druckpunkt muss so eingestellt sein, dass du ihn auch unter Wettkampfbedingungen gut spüren und halten kannst!

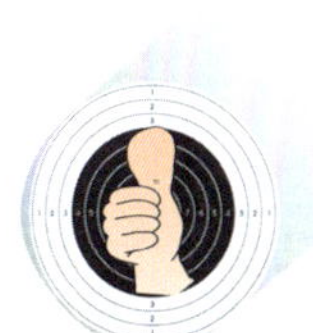

Druckverlauf

In der ***Vorbereitungsphase*** legst du den Finger immer an der gleichen Stelle an den Abzug an.

Beim Einatmen liegt der ***Finger aktiv am Abzug*** an.

Beim ersten Ausatmen (spätestens in der verlängerten Atempause) wird der ***Druckpunkt*** genommen.

Beim zweiten Einatmen wird der ***Druck gehalten*** oder leicht erhöht.

Auf dem Weg durch den Spiegel wird der ***Druck aktiv erhöht*** – etwa 80–90 % des Abzuggewichts.

Im ***Halteraum*** erhöhst du den Druck weiter, bis du bei optimalem Zielbild den ***Schuss auslöst***.

Nach der ***Schussauslösung*** und in der Nachzielphase geht dein Finger langsam in die ***Ausgangsstellung*** zurück – behält aber ***Kontakt*** zum Abzugzüngel.

Nimm den Druckpunkt am Anfang nicht zu schnell und löse den Schuss gefühlvoll aus.

Duellanschlag bei der Sportpistole

Nachdem wir uns nun ausschließlich mit dem statischen Präzisionsanschlag beschäftigt haben, der für die Luftpistole sowie für die freie Pistole und das **erste Halbprogramm** der Sportpistole gilt, sollten wir doch noch einen Schritt weitergehen und dir die Technik des Duellschießens kurz vorstellen.

Das zweite Halbprogramm der Sportpistole besteht aus:

- **sechs Serien** zu jeweils **fünf Schuss**.
- Im Rhythmus von jeweils **7 s Pause** und **3 s für das Schießen** werden **jeweils fünf Schüsse** abgegeben.

Anschlagaufbau

Der Anschlag unterscheidet sich nur geringfügig von dem beschriebenen Präzisionsanschlag. **Hier einige Unterschiede**:

- Die Fußstellung kann etwas breiter sein.
- Die Waffe wird etwas fester angefasst, da die Pistole ständig angehoben und gesenkt werden muss und dabei nicht aus dem Griffstück rutschen darf.
- Das Heben und Senken des Arms zusammen mit dem Gewicht der Pistole bringt den Körper schnell ins Schwanken, deshalb muss zusätzlich auf eine höhere Körperspannung geachtet werden.

Kopfhaltung

Für die Kopfhaltung gelten die gleichen Regeln wie beim Präzisionsschießen.

Körperhaltung/Armhaltung

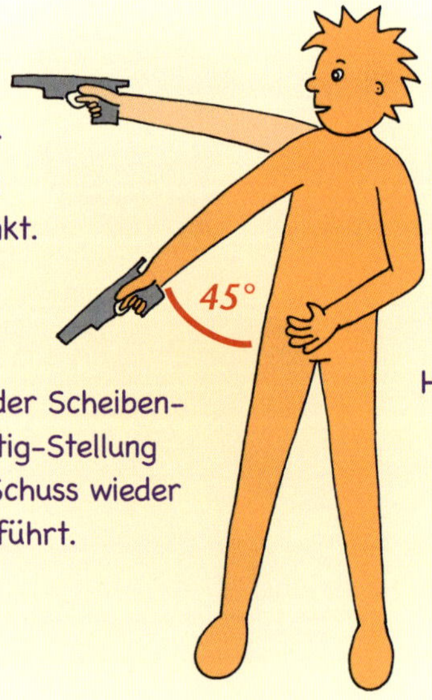

Bewegungsablauf

Der Bewegungsablauf des Duellschießens wird in sechs Phasen eingeteilt:

1. Vorbereitungsphase
1 min Zeit zum Laden der Waffe, Einnehmen der 45°-fertig-Stellung, Druckpunktnahme.

2. Reaktionsphase
Zeit zwischen Scheibendrehung und dem Beginn des Anhebens der Pistole.

3. Beschleunigungsphase
Die Waffe wird zügig angehoben (beschleunigt).

4. Verzögerungsphase
Die Waffe wird abgebremst, in den Halteraum geführt und dort angehalten.

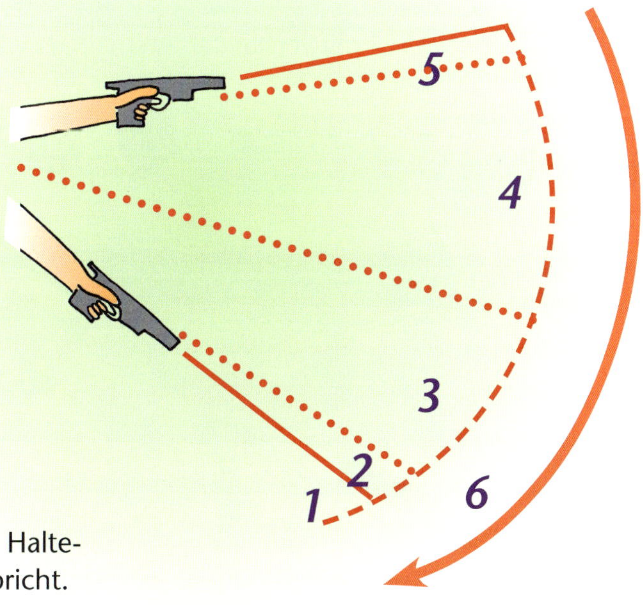

5. Auslösephase
Die Waffe steht im Halteraum, bis der Schuss bricht.

6. Nachzielphase und Rückkehrphase
Die Waffe verharrt nach dem Schuss noch im Halteraum, dann wird sie in die Ausgangsstellung zurückgeführt.

Atemtechnik

Mit der Atemtechnik wird der Bewegungsablauf zeitlich gesteuert:

- Mit dem Kommando „Achtung" atmest du langsam aus und führst die Waffe in die Fertig-Stellung.
- Die Drehung oder das grüne Licht der Duellscheibe erwartest du in ausgeatmetem Zustand.
- Beim Anheben des Arms wird jeweils eingeatmet und im Halteraum innegehalten.
- Nach der Schussabgabe und dem Nachzielen atmest du langsam aus und senkst die Waffe.
- In der 7-s-Pause wird 1-2 x durchgeatmet. Hier dient die Atmung als Zeitgeber!
- Dieser Ablauf wiederholt sich jeweils 5 x. Nach der Fünf-Schuss-Serie wird das Sauerstoffdefizit mit verstärkten Atemzügen wieder ausgeglichen.

Du musst nicht alles auf einmal üben und beherrschen! Setze dir für dein Training Teilziele und nutze Trainingshilfen, wie z. B. das Auflegen!

Zielen

Für das Zielen gelten dieselben Grundregeln wie bei der Präzisionstechnik – nur das Zielbild sieht etwas anders aus. Die Scheibe unterscheidet sich von einer Präzisionsscheibe erheblich. Beim Duellschießen liegt der Halteraum in der 10 tief, mittig zwischen den beiden weißen Lichtstrichen. Die Striche sitzen optisch auf der Visierung auf. Zwischen Visierung und den Strichen ist ein schmaler schwarzer Zwischenraum zu sehen.

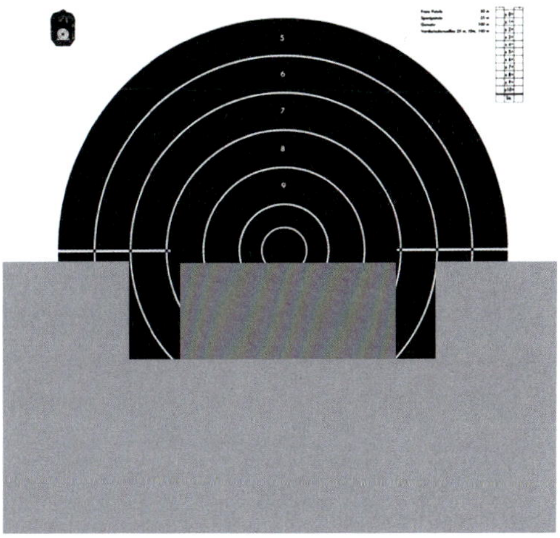

Der Blick ist auch hier auf dem Korn. In der Fertig-Stellung ist das Korn noch nicht in der Kimme zu sehen (Feinkorn). In der Aufwärtsbewegung wird das Feinkorn zu gestrichen Korn (Handgelenk fixieren!).

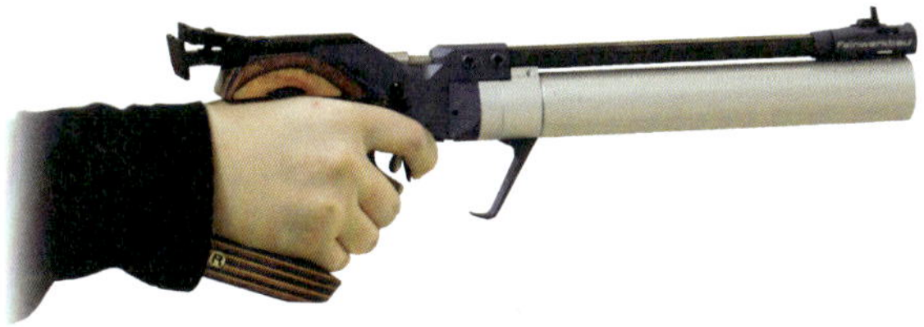

Abziehen

Für das Abziehen gelten ebenfalls dieselben Grundregeln wie bei der Präzisionstechnik. Die aktive Druckpunktnahme geschieht etwa 2 s vor der Scheibendrehung in der Vorbereitungsphase. Mit dem Anheben der Waffe wird der Druck so verstärkt, dass der Schuss beim Erreichen des Halteraums sofort nach Erkennen des optimalen Zielbildes brechen kann. Beim Nachzielen wird der Druck noch gehalten, danach geht der Finger in die Ausgangsposition zurück.

. . . 10 Sicherheit geht vor!

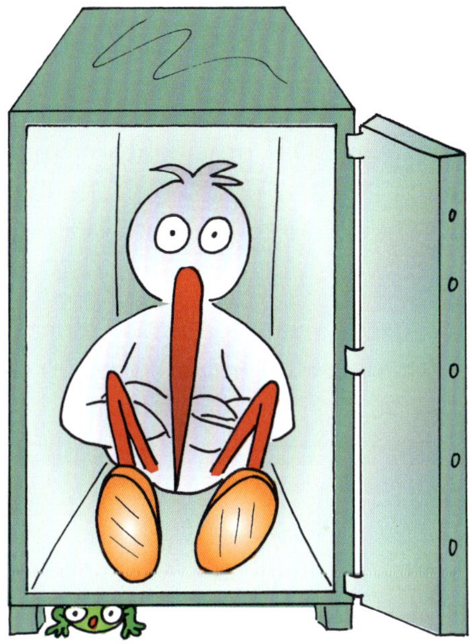

Viele schöne und nützliche Dinge in unserer Umwelt bergen auch eine gewisse Gefahr, wenn man nicht sorgsam damit umgeht. Wir müssen lernen, mit scharfen Messern im Haushalt zu arbeiten, uns mit Autos sicher im Straßenverkehr zu bewegen und Fechter ziehen Schutzkleidung an und setzen eine Maske auf, bevor sie fechten.

Schusswaffen sind nicht ungefährlich, deshalb ist es sehr wichtig, dass junge Sportler langsam herangeführt und von Anfang an mit den Sicherheitsbestimmungen vertraut gemacht werden. Wer in den Verein kommt, muss erst einmal unter Beweis stellen, dass er verantwortungsbewusst und umsichtig ist, nicht „rumballern" will, sondern den Sport versteht und alles Wichtige dafür lernen möchte. Daher werden viele Vorübungen gemacht, Lichtpistolen oder -gewehre eingesetzt und im Jugendalter wird hauptsächlich mit Luftdruckwaffen geschossen.

Die Sportwaffen sind sichere Sportgeräte – aber nur, wenn der Sportler sich damit auskennt und alle Sicherheitsbestimmungen einhält!

Sicher verwahrt

Der Erwerb und Besitz von Sportwaffen sowie deren Transport zu Trainings- und Wettkampfstätten wird durch das **Waffengesetz** geregelt. Sportwaffen und Munition müssen so verwahrt werden, dass ein Abhandenkommen oder der Zugriff unbefugter Dritter verhindert wird. Das geschieht im Verein wie auch bei den privaten Waffenbesitzern zu Hause durch die Aufbewahrung der Sportwaffen **in speziellen Tresoren**.

Je nach Waffengattung schreibt das Waffengesetz entsprechende Sicherheitsstufen für die Tresore vor. Die Sportwaffen sind generell entladen und getrennt von der Munition zu lagern bzw. zu transportieren.

Schießbetrieb

Das Schießen darf nach dem Waffengesetz für Luftdruckwaffen bis zum 14. Lebensjahr und für sonstige Waffen bis zum 16. Lebensjahr nur unter Aufsicht ausgeführt werden. Das muss eine zur Kinder- und Jugendarbeit geeignete Person mit Jugendbasislizenz oder ein zur Aufsichtführung berechtigter Sorgeberechtigter – neben der Schießstandaufsicht – sein.

Schieß- und Standaufsicht

Die Sachkundeausbildung wird benötigt, weil sie eine der Grundvoraussetzungen für den Erwerb einer Sportwaffe ist. Dazu sichert die Ausbildung zur Schieß- und Standaufsicht die vom Waffenrecht geforderte Qualifikation für „verantwortliche Aufsichtspersonen" ab. Die Teilnehmenden erwerben neben einer Handlungskompetenz im sachgerechten Umgang mit Waffen auch Grundkenntnisse in Bezug auf notwendige Mindeststandards von Schießsportanlagen.

Wichtige Regeln im Schießsport

Für alle Sportschützen, die im Deutschen Schützenbund organisiert sind, gelten einheitliche Regeln. Das ist sehr wichtig, um faire Wettkämpfe und höchste Sicherheit am Schießstand zu gewährleisten.

In der Sportordnung des DSB sind alle allgemeinen Regeln und die speziellen Regeln für die einzelnen Disziplinen zusammengestellt.

Da geht es um:
- Sicherheit,
- Ausrüstung und Waffenkontrolle,
- Ablauf und Wertung im Wettkampf,
- Terminplanung und Ausschreibung,
- Titel und Rekorde,
- Anti-Doping usw.

Bei der Waffenkontrolle werden die Sportgeräte auf die Einhaltung der Vorgaben geprüft und mit einer Plakette für den Wettkampf sichtbar zugelassen.

Sicherheit am Schießstand

Die Sicherheit am Schießstand ist sehr wichtig, deshalb muss es strenge Regeln geben. Nur so ist ein sicherer und fairer Wettkampf möglich.

Hier findest du einige Auszüge aus der Sportordnung des Deutschen Schützenbundes e. V.

0.1.4 An den Schießen des DSB dürfen nur Schützen teilnehmen, die gegen Unfall und Haftpflicht (nach Vorgabe des DSB bzw. der Landesverbände) ausreichend versichert sind.

0.2.1 Schützen ist die Ausübung des Schießsports mit Schusswaffen nur in Anwesenheit einer verantwortlichen Aufsichtsperson („Aufsicht") gestattet. Die Aufsicht darf selbst nicht am Schießen teilnehmen.

0.2.2 Bei minderjährigen Schützen sind die Alterserfordernisse und die Bestimmungen über die Obhut nach dem Waffenrecht zu beachten.

0.2.3 Rauchen und offenes Feuer auf dem Schützenstand sind verboten.

0.2.4 Gäste, die an einem Schießen teilnehmen, müssen zuvor unter Beachtung der gesetzlichen und behördlichen Vorschriften gegen Unfall und Haftpflicht versichert werden.

0.2.5 Bei allen auf dem Schießstand abgestellten Feuerwaffen – bei Luftdruck- und Gasdruckwaffen soweit wie möglich – müssen die Verschlüsse offen und die Magazine entfernt sein.

0.2.6 Zielübungen und das Laden der Waffe sind nur im Schützenstand gestattet, und zwar mit nach dem Geschossfang gerichteter Mündung. Ausnahme Laden: siehe Vorderlader.

0.2.7 Zielübungen sind nur mit Genehmigung des Schießleiters und mit entladener Waffe erlaubt.

0.2.8 Der Schütze hat seine Waffe mit beiden Händen selbst zu laden. (Ausnahme: Arm- und Handgeschädigte in Gewehrwettbewerben für Behinderte.)

0.2.9 Eine Waffe darf nur abgelegt werden, wenn:

- die Sicherheitsvorrichtung eingeführt ist bzw. sich bei Feuerwaffen keine Patrone in der Waffe befindet,
- sich kein Magazin in der Waffe befindet,
- bei Luftdruckwaffen mit Spannhebel dieser geöffnet ist,
- bei Gasdruckwaffen die Ladeklappe geöffnet ist.

0.2.9.1 Bevor der Schütze seinen Stand verlässt, muss er sich vergewissern und die Standaufsicht muss prüfen, dass der Verschluss offen ist und sich keine Patrone(n) oder Geschosse im Patronenlager oder im Magazin mehr befinden. Wenn ein Schütze seine Waffe einpackt oder vom Schützenstand entfernt, ohne dass sie von der Standaufsicht überprüft wurde, kann er disqualifiziert werden.

0.2.9.2 Der Schütze hat auf dem gesamten Schießstand/Schießstandgelände die vom Veranstalter/Ausrichter/Schießstandbetreiber vorgeschriebenen Sicherheitsmaßnahmen einzuhalten.

0.2.10 Bei Ladehemmung oder sonstiger Störung ist die Aufsicht/Schießleitung/Jury einzuschalten.

0.2.12 Zum Schutz vor Gehörschäden wird empfohlen, auf allen Schießständen Gehörschutz zu tragen.

0.2.13 An jedem Schießstand ist gut sichtbar eine Schießstandordnung anzubringen.

Alle Regeln kannst du in der Sportordnung des DSB nachlesen. Diese werden auch immer wieder aktualisiert. Frage deinen Trainer danach!

Gegen Waffenmissbrauch

In den letzten Jahren gab es einzelne, aber entsetzliche Vorfälle, bei denen Jugendliche sich eine Waffe organisiert haben, um auf Mitschüler und Lehrer zu schießen. Diese Amokläufe haben viel Leid gebracht und Angst hinterlassen.

Es ist sehr wichtig, herauszufinden, wie das passieren kann und was dagegen zu tun ist. Bei der Suche nach Gründen und Ursachen ist man leider auch immer wieder auf die Sportschützen gekommen, obwohl das eine mit dem anderen nichts zu tun hat.

Sportschützen sollten mithelfen, Vorurteile auszuräumen und solche Katastrophen zu verhindern.

Was kann man gegen Waffengewalt tun?

- *Man muss aufmerksam hinschauen.*
-
-
-
-
-
-

Welche Ideen hast du? Sprich mit deinen Trainingskameraden und deinem Trainer darüber. Hier ist Platz zum Eintragen.

Mitarbeit ist gefragt

Bestimmt ist es als junger Sportschütze nicht immer leicht, selbstbewusst die eigene Sportart vor anderen zu verteidigen. Es gibt viele Vorurteile und genügend Menschen, die Sportschießen mit Gewalt und Gefahr in Verbindung bringen.

So, wie du über deine Sportart sprichst, wie du auftrittst und dich verhältst – so kannst du als Sportschütze einen positiven oder aber auch einen negativen Eindruck in der Öffentlichkeit hinterlassen.

Sportschützen sollten darüber aufklären, wie viel Wert beim Sportschießen auf Sicherheit gelegt wird und allen verdeutlichen, wie sehr sich die Sportschützen ihrer Verantwortung bewusst sind.

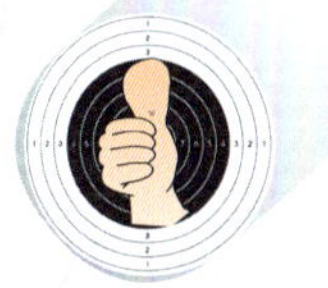

Argumente für das Sportschießen

- *Beim Sportschießen lernt man, mit Regeln umzugehen.*
-
-
-
-
-
-

Welche Argumente hast du? Sprich mit deinen Trainingskameraden und deinem Trainer darüber. Hier ist Platz zum Eintragen.

W	P	Ö	K	A	R	T	O	F	F	E	L	A	B	I
Z	U	C	C	H	I	N	I	K	A	M	F	R	S	V
X	C	M	F	L	Ä	J	C	H	I	C	O	R	E	E
T	W	Q	V	Ä	E	I	G	U	R	K	E	A	G	Ü
E	B	E	P	G	E	F	L	A	K	G	B	F	J	W
T	X	N	N	U	L	E	P	O	K	R	C	A	O	D
A	N	A	N	A	S	M	L	A	S	A	L	A	T	V
M	R	N	E	A	K	I	R	P	A	P	I	Ä	L	T
O	C	A	V	M	P	R	L	S	M	E	W	J	F	A
T	S	B	I	R	N	E	P	G	O	F	H	D	K	N
K	A	R	O	T	T	E	Z	I	T	R	O	N	E	I
F	S	A	W	E	I	N	T	R	A	U	B	E	N	P
R	S	I	B	R	Ü	K	L	C	L	I	Z	A	I	S
R	E	R	E	E	B	D	R	E	Z	T	P	F	K	Ö

Obst und Gemüse sind gesund!

Finde 17 Obst- und Gemüsesorten – waagerecht, senkrecht oder diagonal, vorwärts und rückwärts!

O je, immer diese Aufregung vor dem Wettkampf!

Wie komme ich jetzt nur am schnellsten zur Toilette?

Kannst du den Weg einzeichnen?

Fragt Tom seinen Freund: „Wie hoch ist die Schranke?"
Der klettert hoch, misst und ruft nach unten: „4,26 m!"
Darauf Tom: „Bist du dumm! Du hättest doch warten können, bis die Schranke nach unten geht!"
Der Freund: „Ich wollte doch messen, wie hoch sie ist und nicht wie breit!"

. . . . 11 Rundherum gesund

Wer glaubt, intensives Training mehrmals in der Woche sei allein ausreichend für den sportlichen Erfolg, wird wahrscheinlich bald eines Besseren belehrt. Neben dem fordernden Training sind Erholungsphasen sehr wichtig, ausreichender Schlaf, gesunde Ernährung, Körperhygiene, Ordnung und vieles mehr.

Du solltest lernen, auf deinen Körper zu hören. Er zeigt dir, ob du fit bist oder aber auch, wann du dringend eine Erholung brauchst, entspannen musst oder eine Trainingspause einlegen solltest. Ein guter Sportschütze ernährt sich gesund und nimmt genügend Flüssigkeit zu sich, um leistungsfähig und konzentriert zu bleiben.

In diesem Kapitel haben wir dazu einige interessante Informationen zusammengestellt. Nimm dies als Anregung, dich mit dem eigenen Körper sowie gesunder Ernährung zu beschäftigen.

Viel Spaß!

Unsere Leistungsfähigkeit

Im Verlauf eines Tages erlebt unsere Leistungsfähigkeit Höhen und Tiefen, wie du an der Kurve erkennen kannst. Dies ist bei allen Menschen ähnlich und wir haben unser Leben darauf eingestellt. Der hauptsächliche Schulunterricht findet vormittags statt, zur Mittagsruhe gönnen sich manche sogar ein Schläfchen, nachmittags können wir wieder durchstarten und nachts bekommt unser Körper den wohlverdienten Schlaf. Wer diesen Rhythmus beachtet, lebt gesund und ist leistungsfähig. Du spürst, wenn du dich nicht genug ausruhst und ausreichend schläfst und es wäre schade, „Hochs" nicht zu nutzen.

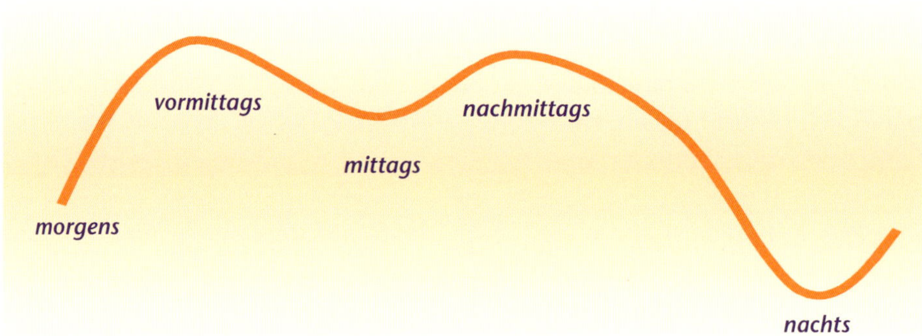

Iss und trink dich fit!

Sportler, die kurz vor dem Training oder dem Turnier zu viel oder auch das Falsche essen und trinken, sind nicht leistungsfähig. Sie fühlen sich vollgestopft, wirken müde und schlapp. Bei vielen Körperfunktionen wird gespart, weil der Magen auf Hochtouren arbeitet. Aber essen und vor allem trinken müssen wir, um dem Körper die verbrauchte Energie zuzuführen und den Flüssigkeitsverlust, der durch das Schwitzen entsteht, auszugleichen. Bei langem und intensivem Training und Wettkampf ist das auch zwischendurch notwendig.

Entnimm den Übersichten, was sich für deine Hauptmahlzeiten, die Zwischenmahlzeiten und den Energieschub zwischendurch eignet und was nicht. Wähle deine Speisen und Getränke sowie den Zeitpunkt der Nahrungsaufnahme so, dass du im Training und Wettkampf ausreichend versorgt bist, aber nicht nebenbei auch noch verdauen musst.

Wie lange Speisen im Magen bleiben, bis sie verdaut sind:

Ca. 1 h: Wasser, Tee, Brühe.
Ca. 2-3 h: Kakao, Banane, Apfel, Brötchen, Reis, gekochter Fisch, weiches Ei, Vollkornbrot, Kuchen, Butterbrot, Müsli, Gemüse.
Ca. 4-5 h: Wurst, Fleisch, Bratkartoffeln, Pommes frites, Bohnen oder Erbsen.
Ca. 6-7 h: Sahnetorte, Pilze, Fisch in Öl, fetter Braten.

Trinken nicht vergessen!

Schwitzen ist gut und gesund. Allerdings musst du diesen Flüssigkeitsverlust wieder ausgleichen und daher beim Training und beim Wettkampf ausreichend trinken. Achte beim Trinken auf wichtige Mineralstoffe wie Kalium, Kalzium oder Magnesium.

- **Geeignete Getränke vor und während der Belastung**
  Mineralwasser ohne Kohlensäure, Fruchtsaftschorle in einer Konzentration von ca. 1:3, leicht gesüßte Früchtetees. Wähle keine zu kalten Getränke, weil der Körper dann viel Energie aufwenden müsste, um sie anzuwärmen.

- **Geeignete Getränke nach der Belastung**
  Fruchtsaftschorle, jetzt mit höherem Fruchtsaftanteil, Getränke mit höherem Zuckergehalt (z. B. Malzbier).

Energiequellen

Hohe körperliche Leistung kannst du nur vollbringen, wenn du ausreichend Energie (Zucker/Stärke) in Form von Nahrung zu dir nimmst. Hast du das richtige Maß aufgenommen, erreichst du optimale Leistungen. Zu wenig bewirkt einen Leistungsabfall, Konzentrationsschwäche und Müdigkeit. Doch bei zu viel Energieaufnahme besteht die Gefahr großer Nervosität und rascher Ermüdung.

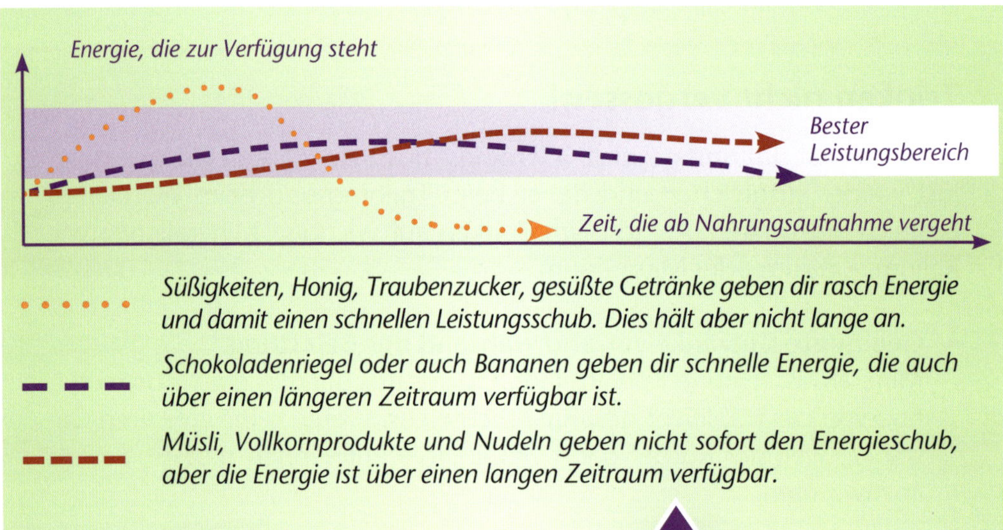

Die Nahrungspyramide zeigt, welche Nahrungsmittel du in großen Mengen (ganz unten) und welche lieber sehr selten (ganz oben) verzehren solltest.

Vorbeugen und Regenerieren

Aufwärmen und Mobilisieren

Um Verletzungen und Überlastungsschäden zu vermeiden, solltest du deinen Körper je nach Art der Belastung gezielt vorbereiten. Vor dem Joggen oder vor Sportspielen sind besonders Aufwärm- und Dehnungsübungen notwendig und vor dem Schießtraining eher Lockerungs-, Mobilisations- und Reaktionsübungen. Da du für deinen Anschlag eine gewisse Muskelspannung in den einzelnen Anschlägen brauchst, ist ein Dehnungsprogramm direkt vor dem Schießen zu vermeiden, denn dadurch sinkt der Muskeltonus und das Gefühl für die Spannung geht verloren.

Ausruhen und Regenerieren

Nach einem anstrengenden Lauf oder Sportspiel ist es wichtig, ruhig und langsam „auszulaufen" um das Herz-Kreislauf-System schonend wieder herunterzufahren. Aber auch bei Wettkämpfen im Sportschießen läuft der Puls auf Hochtouren. So ein Wettkampf ist eine enorme Belastung für Muskeln, Herz, Kreislauf und auch für das Nervensystem. Ein Lauf oder ein Spaziergang ist deshalb auch hier eine optimale Methode, um den aufgestauten „Dampf abzulassen" und auch gedanklich abzuschalten. So kann sich der Körper wieder erholen und Reserven für kommende Belastungen anlegen.

Immunsystem trainieren

Sportliche Belastungen bringen den Körper aufgrund der eintretenden Erschöpfung kurzfristig in einen sensiblen Zustand, in dem er anfällig für Erkältungskrankheiten wird. Damit sich erst gar keine Viren festsetzen können, die eine Erkältung begünstigen, solltest du entsprechende Vorbeugungsmaßnahmen treffen und die Temperaturtoleranz gezielt trainieren.

- Lasse den Körper nach der Belastung nicht auskühlen (warme Funktionskleidung).
- Nach dem Ausschwitzen solltest du möglichst lauwarm duschen, dich abfrottieren und den Körper pflegen.
- Flüssigkeitsverlust durch richtiges Trinken ausgleichen (siehe S. 147).
- Öfter mal in die Sauna oder ins Dampfbad gehen und morgens nach dem Aufstehen wechselwarme Fuß- oder Duschbäder machen.

Gemeinsam gegen Doping

Sieger zu sein, ist ein tolles Gefühl. Du schwebst auf einer „Glückswolke", alle sind stolz auf dich und du siehst den Lohn deiner Anstrengungen. Das macht richtig Spaß und es könnte immer so weitergehen ...!

Doch es können kritische Momente eintreten:

- Du denkst, die Grenzen deiner Leistungsfähigkeit seien erreicht.
- Du schindest dich und hast trotzdem keinen Erfolg.
- Du befürchtest, dass deine Konkurrenten verbotene Mittel nehmen und willst der Ungerechtigkeit entgegenwirken.
- Dein Trainer oder deine Eltern erwarten mehr von dir, aber du spürst, dass du im Moment nicht mehr kannst.
- Du fühlst dich von den Kampfrichtern unfair bewertet.
- Du kämpfst um einen Kaderplatz.
- Du hast eine langwierige Verletzung, die nicht ausheilen will.

Lasse dich nicht verführen, zu unerlaubten Mitteln zu greifen!

- Doping ist schädlich für deinen Körper!
- Doping ist Betrug!
- Doping bedroht den Sport!

Informiere dich rechtzeitig und suche Rat

Weißt du nicht mehr weiter und brauchst Rat, dann wende dich an deine Eltern, deine Trainer oder andere Personen deines Vertrauens.

Oder schau mal ins Internet unter ***www.highfive.de.*** Das ist das Internetangebot der NADA (Nationale Anti Doping Agentur) für junge Athleten. Hier findet ihr zu allen Themen vielfältige Informationen. Sagt euerem Trainer, er möchte die Broschüre „Gemeinsam gegen DOPING" bei der NADA[1] für euch bestellen (info@nada-bonn.de). Die Broschüren sind kostenlos erhältlich.

1 *NADA – Nationale Anti Doping Agentur Deutschland, Heussallee 38, 53113 Bonn.*

Tipp von Claudia Bokel

Claudia Bokel ist Mitglied des Beirats der Aktiven im Deutschen Olympischen Sportbund (DOSB), Welt- und Europameisterin im Degenfechten, olympische Silbermedaillengewinnerin, Vorsitzende der EOC- und Mitglied der IOC-Athletenkommission und Mitglied der Aktivenkommission der Welt Anti-Doping Agentur (WADA).

„Ich finde ‚High Five' gut, weil es für jeden jungen Sportler wichtig ist, Bescheid zu wissen über alles, was mit Doping zu tun hat. Ich finde es gut, dass ‚High Five' euch, den jungen Sportlern, hilft, gegen Doping zu argumentieren, dass ‚High Five' euch hilft, euch zu wehren, wenn irgendwann das Thema auf euch zukommt. Sport kann so viel Freude machen, auch wenn es Tiefpunkte gibt. Niederlagen sind nicht schön, aber sie gehören zum Sport. Das habe ich in frühester Jugend schon gelernt. Und wenn man sie überwunden hat, kann man stolz sein. Aber nur, wenn man sie ohne Doping überwunden hat. Doping macht nicht stolz, sondern ist eine ganz große Gefahr für den Sport."

Auch viele andere Spitzensportler sagen immer wieder deutlich ihre Meinung gegen Doping und für Fairness im Sport. Schließe dich ihnen an und gib Doping keine Chance!

Hast du schon einmal versucht, eine Scheibe ohne den „Ringzahlenzähler" in den Augen zu betrachten? So wie man aus einzelnen Sternen Sternbilder bilden kann, so lassen sich auch bei den Einschüssen in der Scheibe Bilder erkennen. Probiere es aus!

12 Auflösungen

S. 73 **Unsere Meinung:**

Selbstbewusstsein – Spaß am Training – ~~Selbstzweifel~~ – ~~blinde Wut~~ – Risikobereitschaft – ~~Ungeduld~~ – Lockerheit – ~~Angst, einen Fehler zu machen~~ – Ehrgeiz – Siegeswille – Vertrauen in die eigene Leistung – ~~Furcht vorm Versagen~~ – ~~schlechte Laune~~ – sich gut in Form fühlen – Aufmerksamkeit – Konzentration – ~~Übermut~~

S. 76/77

15-18 Punkte

Mit deiner Einstellung zum Sport kannst du es weit bringen. Du hast Spaß am Wettkampf, bist fair und kannst dich auch mal selbst überwinden. Mache weiter so!

10-14 Punkte

Du hast eine ganz gute Einstellung zum Sport, fährst aber manchmal nur im ersten Gang. Mit mehr Spaß und Siegeswillen könntest du erfolgreicher sein. Nimm das Training und die Wettkämpfe ernst und sei fair zu den anderen Sportlern.

6-9 Punkte

Du bist nicht besonders ehrgeizig und denkst meistens nur an dich! Du musst noch etwas an deiner Einstellung zu Leistung und Kameradschaftlichkeit arbeiten.

S. 78 1

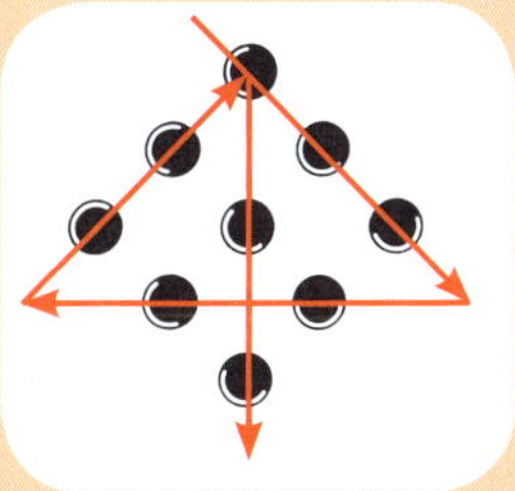

2

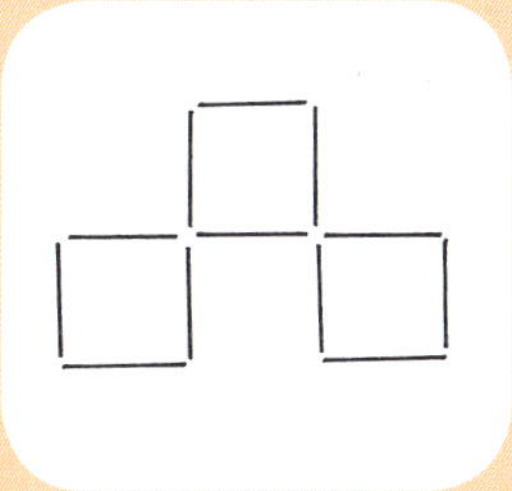

3 Das Käfermännchen gelangt leider nicht zu seiner Liebsten.
4 Es sind 35 Dreiecke.

S. 144

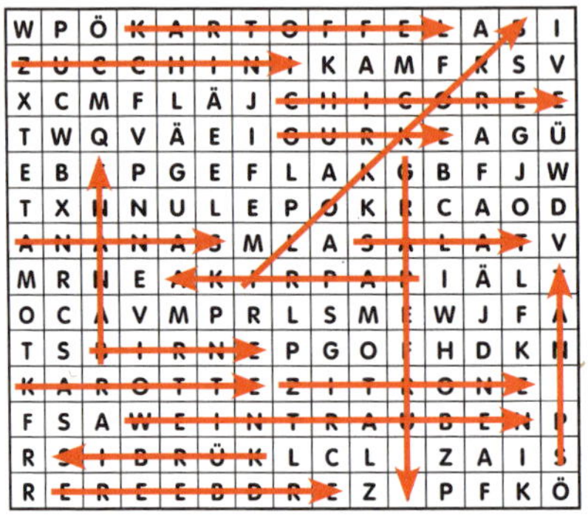

. . . . 13 Auf ein Wort

Liebe Eltern,

in einem Alter, in dem viele Kinder Fußball spielen, zum Ballett gehen oder schwimmen, hat sich Ihr Kind entschieden, Sportschütze zu werden. Was macht also die Besonderheit dieser Sportart aus? Beim Sportschießen kommt es nicht auf Größe, Stärke, Schönheit oder Eleganz an, sondern auf Konzentration, Zielstrebigkeit, Urteilsfähigkeit und Entschlossenheit. Auch ist man nicht vom subjektiven Empfinden der Kampfrichter abhängig, sondern die Ringzahlen sind real messbar. Es ist eine Sportart für jede Jahreszeit und für jedes Alter.

Ihr Kind hat mit dieser Sportart begonnen, nun schon die ersten Grundlagen erlernt und möchte dabeibleiben, im Verein ernsthaft trainieren und zu einer Mannschaft gehören. Wissen Sie, warum das so ist? Fragen Sie Ihre Tochter oder Ihren Sohn danach oder lassen Sie sich die im Buch enthaltene Seite mit den Motiven zeigen. Eines sollten Sie voraussetzen: Wer im Sportschießen trainiert, will erfolgreich sein und hohe Ringzahlen erreichen.

Das vorliegende Trainingsbuch richtet sich an junge Sportschützen in den ersten Trainingsjahren. Es gibt ihnen viele Informationen über ihren Sport, über Technik, Taktik und wie richtig trainiert wird. Die Jugendlichen werden lernen, die eigenen Möglichkeiten besser zu erkennen und mit dem eigenen Körper bewusster umzugehen. Damit wird nicht nur effektiveres Training unterstützt, sondern mögliche Unter- oder Überforderung verhindert. Die Grundausbildung und das Nachwuchstraining ist für alle Schützen gleich, unabhängig, ob sie später im Freizeitsport bleiben oder zu leistungsorientierten Vereinen wechseln. Für alle gibt das Buch eine gute Orientierung und Unterstützung beim erfolgreichen Training.

Alle Eltern, Geschwister, Großeltern und Freunde erhalten wichtige Informationen. Nutzen Sie das Buch gemeinsam mit Ihren Kindern als Trainingsbegleiter, Arbeitsbuch und Nachschlagewerk. Sicher wird auch manchmal Ihre Hilfe gebraucht beim Festlegen von Zielen, persönlichen Aufzeichnungen oder dem Führen eines Trainingstagebuches. Freuen Sie sich gemeinsam mit dem jungen Sportschützen über persönliche Erfolge und erfolgreiche Wettkämpfe. Die Jugendlichen brauchen unseren Beifall, das Lob und die Anerkennung. Zeigen Sie Verständnis, wenn es mal nicht so klappt. Nicht jeder hat die Voraussetzungen für einen Weltklasseschützen.

Das Sportschießen macht vor allem Spaß, fördert soziale Kontakte, entwickelt Ehrgeiz und Durchsetzungsvermögen. Im gemeinsamen Training und im Wettkampf lernen die Jugendlichen, sich selbst zu überwinden sowie mit Erfolg und Misserfolg umzugehen. Charaktereigenschaften, wie Selbstdisziplin, Verantwortungsbewusstsein, Zuverlässigkeit, Pünktlichkeit, Ordnung, Durchhaltevermögen, Risikobereitschaft, Mut und Erfolgswillen, werden ausgebildet und sind auch in vielen anderen Bereichen des Lebens von Nutzen.

Leider wird Sportschießen manchmal missverstanden und mit Gewalt oder Militarismus gleichgesetzt. Davon müssen wir uns rigoros abgrenzen! Die Schusswaffe ist ein Sportgerät, so wie der Speer der Leichtathleten oder das Florett der Fechter. Das einzige Ziel des Schusses ist, die Mitte der Zielscheibe zu treffen und höchste Ringzahlen zu erreichen.

Lieber Trainer, liebe Trainerin!

Gutes Nachwuchstraining richtet sich auf die gesamte Persönlichkeitsentwicklung der Jugendlichen. Es begreift sich als Lerntätigkeit, weil es die Steuerungs- und Selbststeuerungsprozesse fördert. Es wirkt sozialisierend, weil vor allem Gruppentraining gesellschaftliche Normen, Regeln und Verhaltensmuster übt. Jugendtraining ist erlebniswirksam und beachtet Stimmungen, Empfindungen und Gefühle. Es sichert positive Erlebnisse, entwickelt Bedürfnisse und Wünsche, verläuft in herzlicher, liebevoller und aufgeschlossener Atmosphäre. Die jungen Sportschützen sind dabei Ihre Partner – vorausgesetzt, sie werden in den Trainingsprozess aktiv einbezogen und erhalten genügend Handlungsfreiräume. Betrachten Sie deshalb die jungen Sportler nicht als Empfänger Ihrer Anweisungen, sondern als Partner im gemeinsamen Trainingsprozess. Sagen Sie ihnen, warum, wann und welche Übungen für sie notwendig sind und welches Belastungsmaß bei welchen Trainingsabschnitten besonders günstig ist.

Wir wollen hiermit den Jugendlichen ein trainingsbegleitendes Arbeitsbuch in die Hand geben. Sie können Gelerntes nachlesen sowie Zielsetzungen, Motive und die persönliche Leistungsentwicklung eintragen. Natürlich kann kein Buch die jahrelange Erfahrung der Trainer ersetzen. Auch gehen manchmal die Meinungen von Trainern, Sportwissenschaftlern und „Bücherschreibern" auseinander. Verstehen Sie dieses Trainingsbuch als Ergänzung zu Ihrem Training und als Hilfe für die Beschäftigung mit der Sportart über das gemeinsame Training hinaus.

Ein guter Nachwuchstrainer denkt ständig darüber nach, wie er durch das Training nicht nur Techniken lehrt oder Kondition entwickelt, sondern wie er die Jugendlichen aktiv in den Übungs- und Trainingsprozess einbeziehen kann. So ist es möglich, neben einer qualitativen Verbesserung der Trainingsstunden auch bewusster die Persönlichkeitsentwicklung der Sportler zu unterstützen.

Wir wünschen
weiterhin viel Spaß und Erfolg
mit Ihren jungen Sportschützen.

...... Literaturnachweis

Barth, K. (2001-2008). *Kindersportbuch-Reihe: Ich lerne .../Ich trainiere ...* Aachen: Meyer & Meyer Verlag.

Barth, B. & Dreilich, B. (2011). *Sportschießen – Modernes Nachwuchstraining.* Aachen: Meyer & Meyer Verlag.

Deutscher Schützenbund e. V. (2014). *Lehrmappe C Gewehr/Pistole.* Wiesbaden.

Deutscher Schützenbund e. V. (2014). *Sportordnung des Deutschen Schützenbund e. V.* Planegg: WRS Verlag GmbH & Co. KG.

Deutscher Schützenbund e. V. (2009). *DSB-Qualifizierungsplan für die Aus- und Fortbildung.* Dillingen: Krüger Druck+Verlag GmbH & Co. KG.

Jäger, K. & Oelschlägel, G. (1974). *Kleine Trainingslehre.* Berlin: Sportverlag.

Jenny, E. & Keshava, D. (2000). *Yoga – Ein Grundkurs für Anfänger.* München: Gräfe und Unzer Verlag GmbH.

Ohm, D. (1999). *Stressfrei durch progressive Relaxion.* Stuttgart: TRIAS Verlag.

Bildnachweis

Titelgestaltung:	Sabine Groten
Zeichnungen:	Katrin Barth
Titelfoto:	dpa Picture-Alliance, fotolia
Fotos (Innenteil):	Berndt Barth, Katrin Barth, Steffen Däbel, Beate Dreilich, Mario Gonsierowski, Benjamin Grabsch, Mike Hecker, Sven Körper, Claudia Kulla, Christian Reitz, Thomas Schreier, Sächsischer Schützenbund e. V.
Satz & Layout:	Katrin Sendelbeck

Abonnieren Sie unseren kostenlosen Newsletter unter **www.dersportverlag.de**

WEITERE TITEL ZUM SPORTSCHIESSEN

KATRIN BARTH & BEATE DREILICH

ICH LERNE SPORTSCHIESSEN

Empfohlen vom Deutschen Schützenbund e.V.

152 Seiten

in Farbe, 89 Fotos, 138 Abbildungen,

16,5 x 24 cm, Klappenbroschur

ISBN 978-3-89899-458-3

€ [D] 14,95/€ [A] 15,40

BERNDT BARTH & BEATE DREILICH

SPORTSCHIESSEN – MODERNES NACHWUCHS-TRAINING

168 Seiten

in Farbe, 34 Fotos, 6 Abbildungen,

16,5 x 24 cm, Klappenbroschur

ISBN 978-3-89899-586-3

€ [D] 16,95/€ [A] 17,50

MEYER & MEYER VERLAG

MEYER & MEYER
Fachverlag GmbH
Von-Coels-Str. 390
52080 Aachen

Telefon 02 41 - 9 58 10 - 13
Fax 02 41 - 9 58 10 - 10
E-Mail vertrieb@m-m-sports.com
Web www.dersportverlag.de

Unsere Bücher erhalten Sie online oder bei Ihrem Buchhändler.
Jedes Buch ist auch als E-Book erhältlich.